# 現代の災害と防災

## ——その実態と変化を見据えて——

《執筆・編集者》
志岐　常正

《執筆者》
池田　碩　　上野　鉄男　　浜辺友三郎
田結庄良昭　　加納　雄二　　室崎　益輝
紺谷　吉弘　　中村　八郎　　奥西　一夫

本の泉社

2014年８月の、広島市北部安佐地区「土石流災害」（本文 20頁）

「城山」から見た阿武山山頂付近から流下する「蛇抜け」（広島市安佐南区八木四丁目）

2014年８月豪雨による広島県被災地域の斜め写真（８月 20日 14：50）
（国土地理院 WEBサイトから引用：
http://saigai.gsi.go.jp/1/h26_0816ame/hiroshima/naname/qv/5D5A0327.JPG）

2015年9月の、常総市「鬼怒川洪水災害」（本文24頁～）

常総市洪水ハザードマップ（読売新聞2015年9月17日付引用）と、
常総市付近の浸水範囲（読売新聞2015年12月7日付引用）

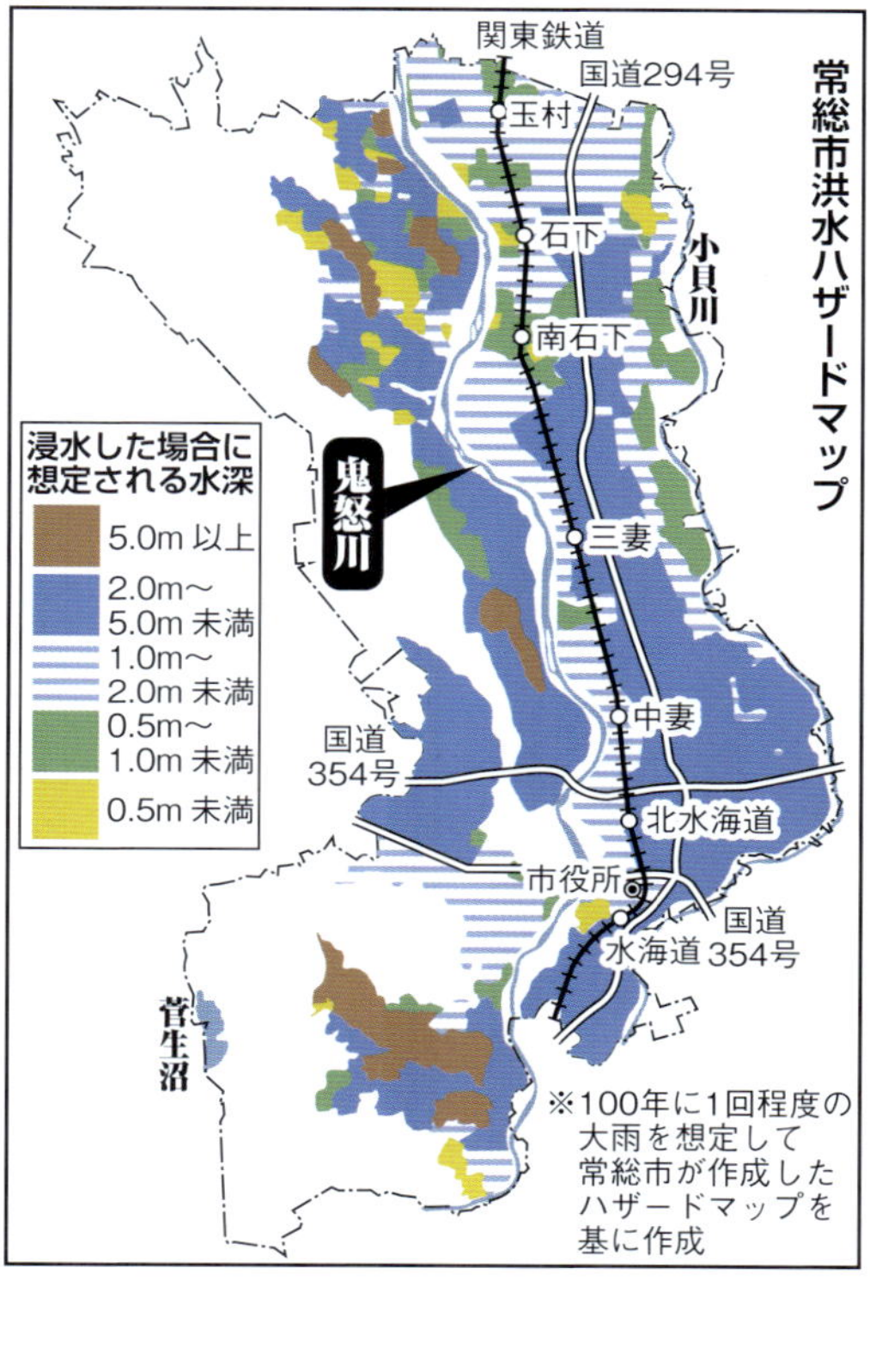


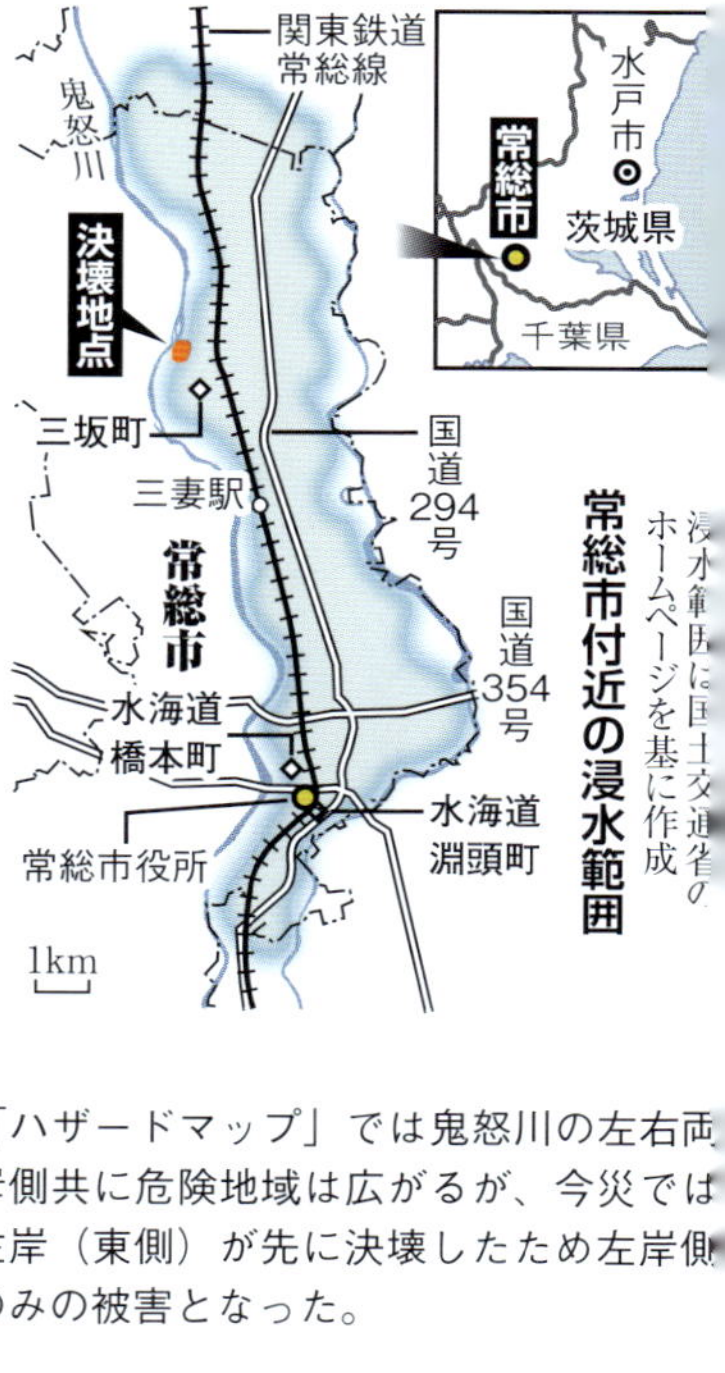


「ハザードマップ」では鬼怒川の左右両岸側共に危険地域は広がるが、今災では左岸（東側）が先に決壊したため左岸側のみの被害となった。

浸水被害は想定されていた。
常総市が6年前に作成し、各戸に配布していた「ハザードマップ」と、今回の氾濫浸水した地域はほぼ一致した。なぜ「ハザードマップ」を生かせなかったのだろうか。

▶
日本大震災からの復興ための防災対策、陸前田市高田地区の嵩上げ事現場

◀
釜石海岸の岸壁に残った貨物船。

▶
011東北地方太平洋地震によ津波で消失した北釜集落の跡。台空港東北の海岸近く。津波約半年の光景。砂丘・砂堆をえた津波が造った池が見える。き流れの堆積物によりかなり積されている。

# はじめに

「ああ災害列島」という嘆きが、新聞のコラム欄などに書かれています。日本列島はもともと自然災害が多いところですが、それにしても、近年どうも災害が増えたように感ずる人は少なくないようです。実際に豪雨が関係する災害だけ見ても、毎年のように、日本のどこかで起こっています。また、その規模が以前より大きくなってきました。これには台風の大型化や、雨の降り方などの変化が直接的に関係しています。そのような気象現象の変化は、地球表層環境の「温暖化」の現われであり、今後、ますます激しくなるとしか思われません。

一方、このところ、どうやら日本列島だけでなく、太平洋沿岸一帯、あるいは、もっと広い範囲で地殻変動が活発化しています。本州、四国などの南側の南海トラフに沿う地帯で、遠からず地震と津波が起きるはずです。それらの規模が、先の東北日本太平洋沖地震のときと同規模の巨大さになる可能性があると予測されています。そうなれば、多数の犠牲者が出るだけでなく、多くの企業が被災し、日本は経済的に破綻に瀕するでしょう。

多くの人が指摘している通り、今にして思えば、日本が敗戦から復興し、高度経済成長を謳歌した時期は、「温暖化」が今ほど進まず、とくに、被害を生ずるような大きな地震が少なかった時期でした。この点で１９９５年の兵庫県南部地震発生以後の日本の自然条件は、それ以前とは全く変わりました。

ところで、災害の発生要因には、自然的要素と社会的要素があります。この点でよく言われるのは、台風や地震などの巨大な自然現象の発生は防げないが、それによる被害は人為的に小さくできるということです。それには危険な自然現象が発生してからの対策も重要ですが、もう一つ重要なことがあります。災害の発生自体や拡大には、人文・社会的要因、とくに素因が重要な役割を果たすということです。文明が進めば防災技術は進みますが、それで対応しきれない巨大な自然の力が働けば、破壊されるものの規模は文明発展以前より大きくなります。それで災害は文明と共に進化します。この点で今、注目しなければならないのは、災害の頻発と大型化が、世界的にも日本でも拡大していることです。その要因形成が、この数年、加速しているようです。これをどう捉え、なすべき方策をどう検討するかが、現代の防災問題のかなめだろうと考えます。

多くの要因が働くため、災害は非常に多種多様です。いわゆる環境問題も災害要因の一つの側面です。以前に公害とよばれたような問題も、起こり方が緩慢ではあっても、社会的素因により起こる一種の災害と捉えられる場合があります。しかし、本書では、ページ数制限の都合もあり、自然的・社会的素因の上に、洪水や土石流、地震、津波などの自然の働きが直接的に作用して起こる災害を主に扱うことにしました。ただし、文明が発展しなかった昔には起こりえなかった災害のリスクの典型として、原発事故災害リスク問題を取り上げます。他の災害についても、現在から未来の問題を見据えようとする点では基本的に同じです。しかし、限られた字数でそれら各種災害を体系的に扱うことはできません。それで、少数の事例に絞って記述し、その種の災害の問題を考える入り口とするといった方法をとりました。随所に舌足らずで誤解を招くところがあるかも知れません。読者からの質問、討論を願うところです。

なお、最後の1~2章は、これらの章のまとめでなく、より大きな視野から、むしろ各章では触れなかった問題を堀起こそうとするものです。

この本は、被災に苦しみ、生活再建をめざしている方々を含み、災害、防災問題に関心のある多くの市民、住民や、行政、司法、立法関係者その他に広く読まれて欲しいと願って書かれました。また防災の専門家にとって参考になる内容も、随所に存在すると思っています。

なお、各章は、文章の体裁や図表の使い方などに非常な違いがあるだけでなく、その内容にも互いに違うところ、あるいは意見の相違さえもあると思います。防災問題の複雑多様さを読者に感じていただくためには、むしろ良いことと考え、あえて統一を試みませんでした。逆に、何人もの執筆者が広く伝えたい、訴えたいと思ったことは、重複して述べられています。それらの点を含め、読者の皆さまのこれからの防災の参考に、いくらかでもなれば幸いです。

なお、章によりますが、本文中に「囲み記事」として、いくつかのコメントを載せました。本文や囲み記事中の注）は、脚注や参考書などをまとめて章の後ろに記していることを、また、用）は巻末の「用語解説」を参照いただきたいことを示します。

おわりに、本書の企画、作成にあたって討論をいただいた国土問題研究会の方々、執筆者の厄介な要求に協力いただいた本の泉社、代表取締役の比留川洋氏と制作の田近裕之氏ほかに、厚くお礼を申したいと思います。

編集責任者　志岐　常正

【目　次】

# 第1章

# 現代の「災害」の実態

## ――豪雨災害にみる――

池田　碩

## 一　はじめに

わが国の主要な自然災害には、火山噴火・地震と津波・豪雨と豪雪などがあります。このうち本論では「豪雨災害」に絞って考察してみました。

豪雨時に発生する「災害」は、大昔から繰り返し繰り返し起きてきました。当然現在でも、集中的な大規模豪雨に襲われると必然的に発生する現象です。ところが、近年そのような状況が以前と比べて多発してきていることが気になります。災害とは自然的かつ社会的現象です。災害を受ける側の「土地」も「人間」も、災害に弱くなっているのではないでしょうか。もしもそうだとすれば、それは「なぜ」、「どうして」なのでしょうか。現地調査した結果をふまえてこの疑問について考えたことを記してみました。

## 二　最近（直近）の3年で発生した「災害」の実態から

本項では、次の3地域の事例を取り上げます。

❶　２０１３年９月16日

京都では、台風18号の襲来で豪雨に見舞われました。その結果、関西の中心河川である淀川水系の中流域に位置する京都盆地でそれぞれ合流する「桂川」・「宇治川」・「木津川」の三支流で特に大きな被害が発生しました。京都府下では近年大災害発生直前のような事態が続いていますが、ここでは「京都盆地」内での状況を報告します。

❷　２０１４年８月20日

広島市北部の安佐地区では、前線性の低気圧の影響で「バックビルディング現象」と称される積乱雲が次々と発達して、短時間の集中豪雨に襲われました。そして、主に花崗岩からなる山地で「土石流」が多発し、犠牲者74名を出す大災害となりました。

❸　２０１５年９月10日

茨城県の鬼怒川流域では、台風18号が温帯低気圧に変わった後に積乱雲が次々と発生し、それらが上空に長時間居座り続ける「線状降雨帯」となって集中豪雨をもたらしました。その結果、下流側に位置する鬼怒川の左岸堤防が決壊し、広域にわたって大洪水が発生しました。

# 三　現在の「土地」はなぜ災害に弱いのか

## A　災害の実態（史的展開――進化の状況）……（4時期の大区分から）

### ❶　人間居住以前の土地

居住以前の土地に現在と全く同様の豪雨が生じて土石流や洪水氾濫が発生しても、それは自然現象であって災害ではありません。そこで生じた山地の土石流・山腹崩壊による浸食は山地の解体過程の一端であり、山麓の扇状地・沖積平野への土砂流入によって生じた土地は、元の地形への付加であり拡大に過ぎません。

### ❷　昔の人（たち）と土地

人間が居住して土地利用が始まりだす初期のころには、人々は自然現象がもたらす状況に合わせて生活していました。豪雨の結果生じた新しい土地は自然の恵みであり、その段階では自然は神で、異常気象の発生は神の怒りでした。常々神への畏敬や畏怖の念を抱き、その地域の自然環境の理解に努めながら農業や漁業を中心とする生業を営んでいました。

当時の感覚では、生業や生活に豪雨による直接被害が及んで初めて「災害」が発生することになります。そして被災が発生すればその体験から教訓を得て対応を考え、復旧をおこない、さらにより安定した環境へと復興を目指しました。

### ❸ 戦前戦後の土地（それ以前は省略）

第２次世界大戦前ごろの土地と利用の状況は、個々の地域では前記（❷）の引き続きであり延長として考えられます。しかし、土地の開発と利用が大きく進みました。

戦後しばらくは土地が疲弊し河川環境も悪化していました。しかし、当然ながら自然現象としての梅雨や台風による豪雨は襲来するため、全国各地の河川が氾濫して洪水災害に見舞われました。特に関東ではカスリーン台風（１９４７年）、キティ台風（１９４９年）、関西ではジェーン台風（１９５０年）、第２室戸台風（１９６１年）などによる記録的な被害が相次いで発生しました。

それらに前後して、筆者自身まだ少年期だった１９５３年に、郷里で発生した筑後川中流堤防の決壊で自宅が２階まで水没して手漕ぎの船で脱出するという体験をしました。その想い出は筆者のＤＮＡとしてその後に残されたようです。さらに大学１年生時の１９５９年には伊勢湾台風災が発生し、その次年に発生した天竜川伊那谷の災害時には現地調査に行くことになりました。

このころまでの農村では、脱穀にはようやく発動機の導入が始まっていましたが、農耕などはまだ牛馬でおこない、田植え・稲刈りも農民の手でおこなっており、少年時代私も手伝っていました。しかしその後、農村の環境は急速に近代化します。農耕のための牛馬は見られなくなり、田植え・稲刈りも機械化され、豪雨による水害に対応しながら農業用水確保のための換水機は夜中も動いていました。畑ではビニールハウス栽培が始まりました。

## ❹ 現在の土地

土地（地形）は元のままなのに、その利用が大きく変わってきました。従来の農地が農業以外の土地利用に転用されるようになってきました。農耕に適した沖積低地に広がる水田専用地域は氾濫原や低湿地の洪水常襲地域で居住には適さないというマイナスイメージも持たれていた地域でしたが、逆に、車が５００～１０００台駐車できる大型ショッピングモールに転用され、広い敷地を要する病院や学校などの移転地と化し、さらに中高層の集合住宅や団地も出現しています。

しかしその場合も、自然現象としての豪雨の襲来は不変です。本論に事例地域として紹介する京都市・広島市・鬼怒川地域で発生した災害では、そのような土地利用状況の典型例が種々出現しています。

## B　具体的な地域例の状況

### ❶　京都府・市の豪雨による被害

京都では、2013年9月16日の早朝、台風18号の北上により約330ミリメートルの

《京都――桂川付近の被害》

「嵐山」山麓を流下する桂川では「渡月橋」が水没した。

遊覧船も転覆。背後（右岸）のホテルや旅館街も浸水。
宿泊客は船で脱出した。

台風一過の翌日は秋晴、多くの観光客が訪れていた。

豪雨に見舞われました。その結果、京都府北部の由良川流域では、福知山市の市街中心地域が浸水しました。また南部では、京都盆地を流下する淀川流域の桂川・宇治川・木津川の3流域で被害を出しました。

桂川では、京都を代表する観光地「嵐山」の両岸で洪水が越水し氾濫しました。シンボルの「渡月橋」も水没し、河床に続く中洲の「中之島公園」が氾濫水に飲み込まれました。

《京都――宇治川付近の被害》

宇治川でも「観月橋」が、水没直前の状況に至る。

付近の堤防幅はわずか1m50cmほどで自動車は通行できない。堤防の裏側ではパイピングによる漏水（車体上部の高さから）もはじまり、堤防決壊の直前に達していた。

特に右岸では約１００棟の旅館・料亭や土産物店なども浸水、宿泊客をボートで救出避難させなければならない状況に至りました。

ところがその翌日は台風一過の秋晴れで、予定が詰まっていると思われる多くの外国人観光者たちがバスを連ねて訪れ、すさまじかった前日の洪水の跡片付けに追われる住民の姿をバックに嵐山の景観を楽しみ、日本の自然の両方を眺められたとワンダフルを連発するという何とも皮肉な状況でした。

その約３キロメートル下流の左岸では支流の鴨川が合流する直前で、堤防を約４００メートルにわたって越水した洪水が、住宅の密集する「伏見区」の市街地域に流入し、避難指定地の下鳥羽小学校も浸水。床上・床下浸水一一二戸を出して、乗用車やトラックが河道と化した幹線道国道一号線上を流されるという洪水災害に見舞われました。

木津川でも、映画やＴＶの撮影ポイントとなっている木造の「流れ橋」が増水のため決壊し流出しました。

宇治川では、昭和28（１９５３）年9月に堤防が決壊し、大災害を生じたのを機に「天ヶ瀬ダム」が構築されました。今災時は水位が急上昇しダム天端まで直前の事態に至り、開設後初めて最上部の出水ゲートを全開放して放水するという非常事態に達しました。その下流の宇治橋や観月橋付近では各所でパイピング用）による漏水現象が発生し、堤防は越水・

決壊の間近にまで迫っていました。

## ❷ 広島市北部安佐地区の土石流による被害

安佐地区では、2014年8月20日午前1時40分～3時にかけての夜間に積乱雲が次々と発達し、短時間に猛烈な豪雨をもたらす「バックビルディング」現象に見舞われました。その結果、太田川右岸山地

阿武山の山頂付近から流下する「蛇抜け」
（広島市安佐南区八木四丁目）

山麓に建つ県営緑丘住宅（八木三丁目）。右側が県営住宅、手前に建っていた民間アパートは全壊流失した。

の東斜面側山腹に土石流崩壊が多発し、それは山麓に続いて、近年市街化が進んできていた扇状地域の住宅を襲い、全壊１７３棟、半壊１８７棟、死者74名の被害を出す大災害を発生させました（巻頭カラー写真参照）。

この山地は主として風化の進んだ花崗岩からなり、山腹に多発して「山津波」となった土石流は、昔から伝えられてきた典型的な「蛇抜け」タイプの崩壊でした。この一帯は歴史的に今回と同様の状況を繰り返してきた山津波常襲地域です。昭和25（１９５０）年に作成された地形図によるとそのころまではまだ居住者がほとんどいなかったことがわかり、当然被害は少なく、今回同様な土石流が発生したとしても災害には至らなかったと思われます。

ところが戦後、扇状地域を中心にして急速に宅地化が進み、さらに１９６０年代の経済高度成長期以降は、災害対策のための砂防ダムを上流山地に構築しないうちに扇頂部や谷口部まで市街地化が進みました（図1）。そして今回の集中豪雨に襲われてしまいました。

被害地周辺で神社や寺が存在している古い集落で老人

八木三丁目上楽地（蛇落地）にある
「蛇王池大蛇」の石碑

たちに話を聞くと、「神社の立地する場所にはそれなりの理由があり、特に神社の上方側に家を建てて神を見下ろすのはよくない」という言い伝えがあるそうです。ところが現在、そのような伝承にはまったく関わ

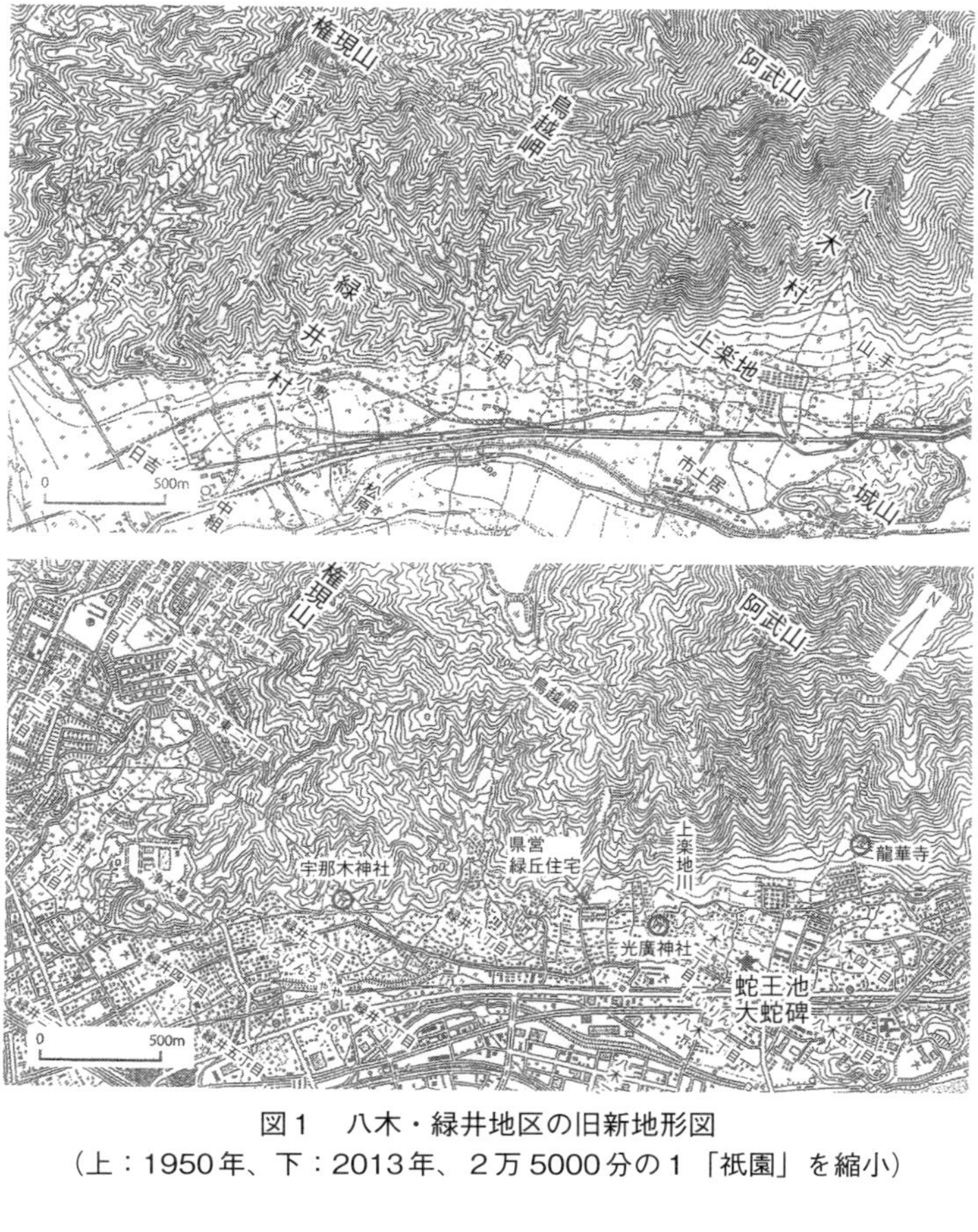


図１　八木・緑井地区の旧新地形図
（上：1950年、下：2013年、２万5000分の１「祇園」を縮小）

りなく宅地化が進んでしまっていました。そして今災害に見舞われてみると、そのような地域での開発地の被害が大きかったのです。結果的に今回の被災は典型的な「開発災害」であり「人災」でした。

広島市（行政）としては、すでに２０１１年５月には「ハザードマップ」を作成し各戸配布も済ませていましたが、その後の指導はおこなっておらず、住民たちもその存在すら忘れ

最大被災地の上流部（八木三丁目）
花崗岩の巨礫岩塊が多くの家屋を破壊した。

川に面した側の１階部だけが
流木と巨岩にえぐられている。

植林川中流・緑井八丁目。土砂だけでは家は破壊されない。土砂が床上まで流れ込んでいるが、建物は残っている。

ていた人が多かったようです。さらに、存在は知っていても、今災害の被害規模はハザードマップの記載内容を上回っていたため、実際の避難行動に十分役立ったかどうかわからないという点には留意する必要があるでしょう。

そのため、今災害の最大被災地域であり多くの犠牲者を出した梅林地区では、被災した住民たちが集まって「自主防災会」を結成し、地区の区長が中心となり、会長の下に被災住民たちが自ら汗を流しながら災害発生時に本当にすぐ使える役立つハザードマップを目標に作成することにしました。すでに完成し、そのマップを持って防災訓練もおこない、その折に気付いた問題点をチェックしながらマップの精度を上げていくことにしています

## ❸「鬼怒川」堤防の越水と決壊

２０１５年9月9日から10日にかけて、台風18号が熱帯低気圧に変わった後も激しい雨をもたらす積乱雲が次々と生じ、それが鬼怒川流域上に「線状降雨帯」となってとどまり、「50年に一度」とされる記録的豪雨をもたらしました。このため、上流の栃木県日光市では24時間で５００ミリメートル、総雨量では６３０ミリメートルを超す状況となり、その水量は上流域に構築されていた4ダムの洪水調節能力をオーバーし、どこの堤防が決壊してもおかしくない状況になっていました。そして結果的には、鬼怒川下流左岸常総市で越

流・決壊しました。常総市域全体の浸水面積は40キロ平方メートルに及び、茨城県全体の被害は、死者３名、全壊家屋50棟、半壊４０１３棟、県内の避難者はピークの９月10日で１万３９０名に達しました。

越水は９日午前６時ごろから鬼怒川左岸の常総市「若宮戸地先」から始まりましたが、その上流約５００メートルの堤防直下に位置する「鹿島神社」の境内では、堤防の下を漏水してきた河川水が堤内地に噴出する「ガマ」と呼ばれるパイピング現象が、地元住民たちによってすでに確認されていました。さらに、そこからの出水が広がり隣の民家の床下が浸水しだし、慌てて避難したそうです。

その後下流で越水が始まり洪水氾濫に至りましたが、この部分は人工堤防ではなく、一帯は「自然堤防」のみの地域でした。しかも、その自然堤防自体が個人の所有地であり、数年前からこの自然堤防を含む周辺地で、新エネルギー電源開発目的の「ソーラーパネル群」の敷設が個人の業者により施工されていました。その工事の折、自然堤防の一部をカットしていたことが越水の原因ではと問題になっています。これに対して施工業者は、土地は個人の所有地であり、工事も所管に届けているため法的には問題はないと主張しています。

しかし、やはりこの周辺が「無堤防地域」であり、しかも社会的資本でもある自然堤防の所有地が個人であることこそ問題です。今災害の状況を昔の人が見れば「自然堤防の役割は、その高さだけではなく表面を覆う森林が越水時の水勢を弱めることであり、さらに流木や土砂の流入を防ぐ役割も大きいのに」と真っ先に考えるでしょう。

さらに5キロメートルほど下流で発生した「上三阪地先」の決壊については、「午後12時50分ごろに堤防上部を20センチメートルほどの水位で越水し、その後に決壊した」と地

越水した低い自然堤防付近には、ソーラーパネル群が設置されており、越えた流水が集落内へとゆっくりと流下した。

決壊した部分には、大型土のうを積み「仮堤防」を完成させた。

激流によって洗掘された落堀（池）域は、２週間後も水がたまったままだった。上方は、決壊後、大型土のうを積み完成させた仮堤。

元住民が証言しています。この周辺では、堤防の高さが４メートルしかなく不足しているため、1・5メートルほど嵩上げすることが計画されていました（実施計画は未定）。鬼怒川が増水して決壊するとすればこのあたりから破堤して氾濫すると予測されていました。鬼怒川では、必要とする区間の約４割しか人工堤防は完成していません（国交省）。

決壊し氾濫した激流の通過部は、えぐれて押堀り・押っ堀りを形成しています。

その後は氾濫原の沖積低地に向かって広がりました。そこは洪水の常襲地であり、これまでは水田地域でした。ところが先述しましたように、現在はさまざまな大型施設や団地の新設・移転が進んでいます。もちろん近年の大型開発では１階部分の浸水は織り込み済みで

小規模だが典型的な「月の輪工」坂手町江島地区。

激流の直撃で「県道」は破壊され流出した。破壊した県道の南側。

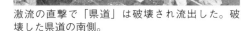

「市役所庁舎（上方）」前。民家のドアの上方に浸水位線（矢印）が残る。この道路よりも階段の２段分低い位置に旧道路があるので浸水位は実質160cmとなる。

すが、今災でも大型ショッピングモール「アピタ」の駐車場が水没し、店内の1階は浸水で使用不能となり、ようやく2階から上階で仮営業を再開できたのは20日後になりました。また地元の「石下小・中学校」も浸水し、しばらく使用不能となりました。

沖積低地の氾濫原中心部には、江戸時代の新田開発に伴って敷設された「人工河川の八間堀川」が直線状に南下しています。今回の災害時にも、越流・決壊で氾濫した洪水流はこの河川に流れ込んで流下したため、その下流部左岸にある「大生地区の公民館」が屋根まで水没しました。この付近の浸水深は約3メートルに達しました。

一方、これまで行政（常総市）は、国から作成が義務付けられていた「ハザードマップ（巻頭カラー参照）」をすでに6年前に完成し、各家庭に配布していました。また、そのハザードマップに記された災害の想定内容は、今災の全体的な被災状況とほぼ同様の状態を示していました。ところが、配布されていた住民の多くがこのハザードマップのことを忘れてしまい、市役所も配布していたもののその後の指導はおこなっていなかったそうです。そのうえ、「防災司令センター」である市役所（右写真）自体が２階以上に避難者を多く受け入れたまま浸水し、その機能を果たせなくなってしまったというなんとも対応のまずい状態でした。

## 四　現在の「人間」はなぜ災害に弱いのか

### A　災害と人間

人間が災害と関わるのは、災害が発生する地域（地形）に居住しているからです。人間とは関わりのない自然現象として発生する豪雨による土石流や洪水氾濫では、人間が居住していなければ災害にはならないし、その折生じた地形変化はただの自然界の営みに過ぎません。

さらに人間の居住と生活は、現在に至る過程で変化（進化）してその都度土地の利用とその方法も変わります。現在は、本来の利用目的であった土地からの生産とは全く異なった（逆の方向とさえ思える）目的に利用される場合も多くなってきているからです。だから、その地で発生する災害も状況が変わってくるのです。

次項では、わが国を代表するような都市圏で、しかも直近の3年間に連続して発生した災害の状況と実態を通して考えたことを中心に報告します。

災害は実にさまざまな属性で分析できますが、ここでは特に人間側に注目し、その災害とのかかわり方から関係者を四つの属性に区分してみました。それは、❶被災地の人々（市民）、❷被災地域を管轄する行政の職員、❸報道関係者、❹研究者、の4者であり、それぞれに属する人々の災害とのかかわり方について記します。

## B　災害に関わる人々の具体的な例から

### ❶　被災地の人々（市民）

被災地やその周辺の河川近くに居住し生活してきた住民の方々ですと、その地域のどこがどのような環境なのかを知っておられるはずですが、近年災害が発生しなかったため、被災したときの恐ろしい感覚よりも、日ごろの生活の（便利さの）方を優先してしまっています。土地の利用の仕方も、河川や周囲の自然が有している注意すべき性質を忘れてしまい、むしろ、自然の摂理に少しくらい逆らって利用（土地を改変）しても大丈夫だろう位の（災害ボケ）感覚になってきていました。

そこへ（そのような感覚状態のところへ）通常を超えた現象の豪雨が発生しました。そして大きな被害が出て災害となったのです。その土地の地形は被災時にはとんでもなく危険なのだということを改めて気づかされました。地域の災害の歴史をたどってみると、河川の近くは中・長期的には災害を繰り返しながらも、その都度復旧してきた災害常襲地であったことがわかります。さらに、同じ河川でも〝特にどこが危険なのか〟まで絞り込める可能性もあります。そのことはすでに配布されていた「ハザードマップ」を見ればわかりますし、さらに周辺地域の地図を広げて眺めてみると周りの地域との関わりも読み取ることができます。

## ❷ 被災地域を管轄する行政の職員

広島市ではこれまで、「災害」が発生したとき大変危険だとされる場所を中心に対応してきました。行政機関として作成を義務づけられている「ハザードマップ」も作り、すでに6年前には住人各戸に配布をすませています。

しかし今回の大災害が発生してみると、住民たちには〝かつて配布されたように思うがその後見たことはなくその内容も知らない〟という人が多いのです（実情はほとんど）。それは、行政として配布はしたものの、その後に見方や利用方法の指導をおこなってこなかったことを示しており、防災訓練などにも生かされていないのです。それどころか、ハザードマップを作成し配布した行政も、住民への指導どころかその存在さえも忘れていたという職員が多いというのが実情です。

一方、常総市では決壊2日後に災害対応の司令本部と避難地とを兼ねる「市役所庁舎」自体が浸水し、対策どころか避難してきた市民たちを2階以上に残して孤立してしまうという何ともまずい状況が発生しました。

広島市の場合もほぼ同様の状況でした。しかし前述のように、災害直後から被災住民たちは被災体験を踏まえて教訓をしっかり残すことが大事だと立ち上がって「自主防災会」を結成し、汗を流して調査をおこない、災害発生時に直ちに「使える（役所作成のマップとはちがう）ハザードマップ」の作成を目標にしてそれを完成させ、すでに防災訓練時に使用されています。

改めて行政（関係者）は、住民によりそう立場にあることを自覚し対応することが大事です。

## ❸ 報道関係者（新聞・TVなど）

災害が発生すると、その状況と内容を、地図や写真や映像を用いて具体的な記事・アナウンスに編成して報道してくれます。ただその場合、報道記者たちの災害に対する知識や体験の度合いが内容のレベルや厚みとなって現れます。まず、未曽有の……、さらに想定外の……という災害報道時の常套タイトルから始められると、筆者のような多くの被災現場に携わってきた者の経験からは、記事や記者のレベルを感じてしまいます。読者にインパクトを与え引きつけてからの書き出しはよいが、重要なのはそれに続く記事の内容です。さらには初期の報道からその後に続く追跡の記事であり、記者自身の熱意と感性を込めた見解で読者を引きつけていくことが重要です。

## ❹ 研究者（筆者を含め）

わが国は災害多国・災害大国と称されますが、その割には災害に関わっている分野と研究者は少ないのが実情です。また研究はおこなっても、その後報告書を作成し、その結果を住民や役所で生かすとなると、大変な熱意と労力が必要です。その上、調査をおこない研究を進めるには費用も掛かりその捻出も大変なのが実情です。大学教育の現場では、災害分野を含んでいる地理・地学を入試科目に含めるところが少なく、講義でも災害関連をあつかう分野は少ないという問題があり、この点を改善しなければなりません。

## 五　さいごに

「災害」はわれわれ人間が生存している限りこれからも発生するのは「宿命」であり、それを忘れてはなりません。その上で、自分の「命」は他人任せではなく自分自身で守ることを自覚することが重要です。そして被災状況に遭遇してしまったら、周囲の人たちや地域に役立つために協力することも重要です。

自分とは直接関わりがないと思われる地域の災害であっても、被災地の人々を思いやり、関心をもつことで、自分自身の意識を高めるチャンスとして考えてみることが大事です。

上記してきたように、現在、自分（たち）が関わっている「土地」とその利用や、われわれ「人間」の災害に対する感覚は大きく〈マイナスの方向へ〉変化していることに気づきます。これまでわれわれが生存してきた土地の歴史と、その長い歴史を通して育んできた「災害をふまえ築いてきた文化」を忘れずに、改めて新しい「災害文化」を引き継いでいく覚悟が大事です。

# 第2章

# 自然を無視した開発と復興災害

——六甲山地周辺の土砂災害および地震による人工造成地災害の例とその教訓——

田結庄良昭

## 一　はじめに

２０１４年８月に広島土砂災害[1)]が生じ、多くの人が犠牲となりました。そこは、著しく風化した花崗岩からなる山麓部を開発したところで、もともと土石流・土砂流災害[用)]の危険性があるところだったのです。日本列島では昔からこのような災害が多発していまず。六甲山地とその周辺は、顕著な風化花崗岩からなるなど、〝広島土砂災害〟地と自然条件が基本的に同じであり、日本でもっとも早く都市化し、１９３８年の阪神大水害など都市型災害が起こり、しかも、何度も繰返されたところです。従って、その災害実態と対策が最も調査・研究され、実施されてきました。また、六甲山地とその周辺は、１９９５年に起こった兵庫県南部地震によっても、甚大な地盤被害が生じました。兵庫県では、兵庫県南部地震後、さまざまな防災対策がおこなわれてきています。しかし、これら土砂災害や地震災害の教訓は必ずしも生かされてきませんでした。そこであらためて、六甲山地とその周辺での土石流・土砂流災害や地震での地盤災害をふり返り、そこからの教訓をまとめて報告することは、どんどんと都市化（乱開発）が進んだ日本の多くの山麓地域の今後の防災のために有意義、必要であると思われます。

## 二　自然条件での災害と開発

### A　断層で隆起した六甲山地の特徴

六甲山地は約７０００万年前の白亜期末に形成された花崗岩からなり、約１００万年前からの六甲変動と呼ばれる逆断層運動により、約７５０メートル隆起した山地です（図１）[2)3)]。そのため、六甲山地は断層により岩石の破壊が進行し、花崗岩には多数のひび割れが生じ、雨水が深部まで浸

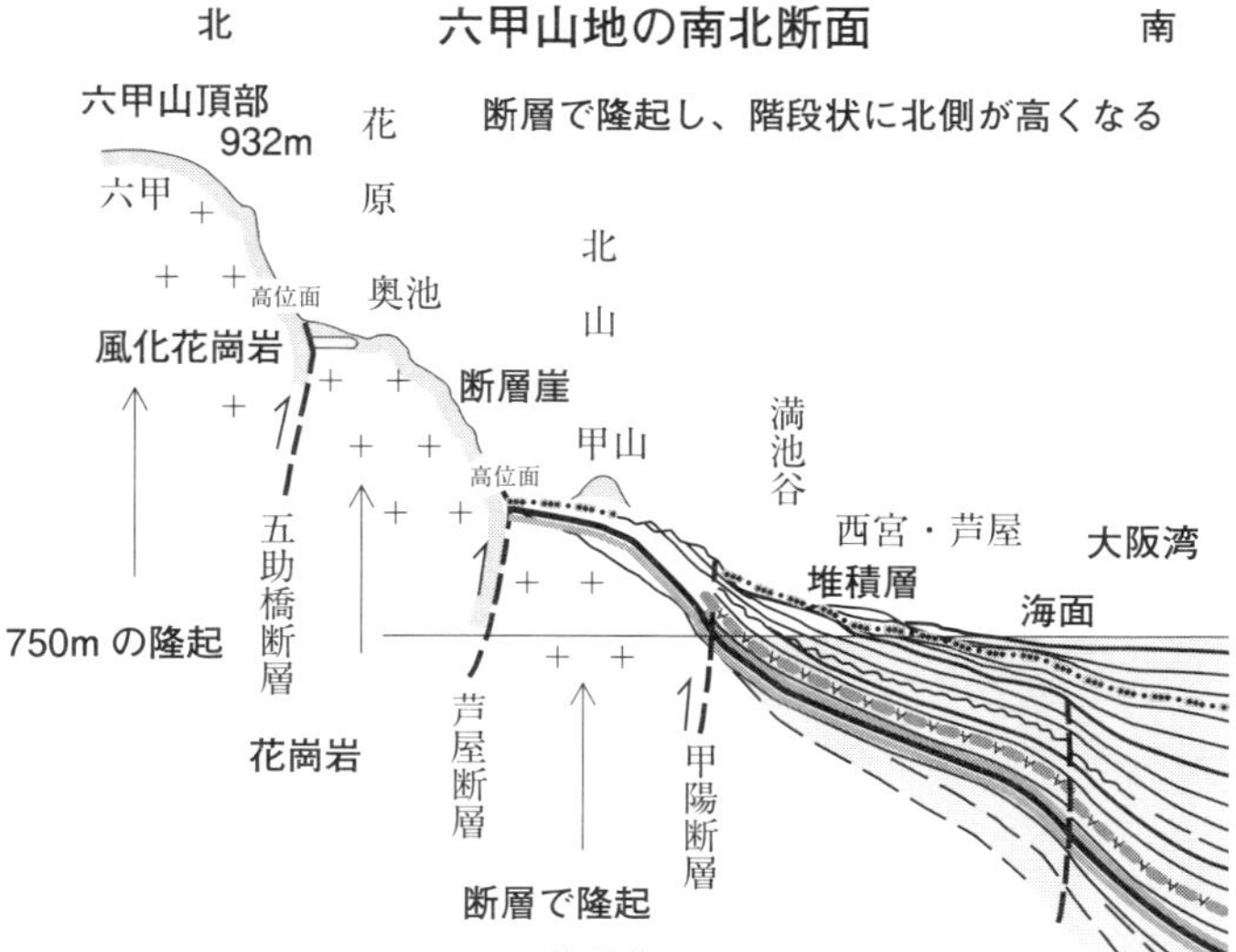


図１　六甲山の南北断面、六甲山は断層で750メートル隆起して形成された（藤田、1983、兵庫県土木地質図編纂委員会、1996の図）[2) 3)]に加筆。断層で破砕された花崗岩には雨水がしみこみ風化が顕著。

透し、風化作用が進行し、厚いまさ土に覆われています[4]。また、六甲山地は海から屏風のようにそそり立ち、湿った空気が山にぶつかり、いつ集中豪雨がおきてもおかしくない地形をしています。また、六甲山地は隆起山地のため、斜面崩壊を起こしやすい急峻な斜面が発達しています。

さらに、斜面崩壊で流出した土砂や石礫が扇状地や河川の堆積物として厚く堆積しています[3]。六甲山地は隆起山地のため河床勾配が高く、河川が直線的であるため、斜面崩壊物や上—中流部の河川堆積物が一気に下流に運ばれやすいのです。山麓部から市街地かけてはそれら土砂などの堆積で河床が高くなり、天井川

囲み記事

土石流とは土砂と水が混然一体となり、生コンのような状態になり、河床堆積物を巻き込みながら高速で流れ下る密度の高い流れです。そのため、巨大な石は浮き、加速度も働くため土石流の前面に濃集し、それらが構造物を破壊するので甚大な被害、特に人的被害を及ぼします。土石流はしばしば山腹の斜面崩壊が引き金となり、崩れた土砂が河川に流れ込み、あるいは土砂が川をせき止め、それが一気に崩れて生じます。渓流の出口では河床勾配が変わって緩くなり、土石流、土砂流の運搬物が堆積するため扇状地が形成されます。扇状地の扇頂部では巨礫を含む砂礫が厚く堆積しますが、中部では主に砂質、末端部に至れば泥質の土砂が堆積します。このように渓流出口からその下流付近では土石流が襲う危険性が極めて高いのです。神戸付近では、この自然の営みである土石流、土砂流でできた扇状地に多くの人々が暮らしているわけです。

になっています。例えば、ＪＲ神戸線は芦屋川の下を通っています。その六甲山地の山麓が急速に開発され市街地となっているのです。

### Ｂ　六甲山地の風化作用と崩壊

花崗岩山地では風化作用の進行や節理などの割目が発達すると、岩石中の鉱物間の結びつきが簡単にはずれ、もろく砂状となり、まさ土となります。まさ土は粗く、水を通しやすい性質を持っているため、大量の水を地下に浸透させますが、水の量が限界を超えると排水ができなくなり、表面流が発生するとあっけなく崩れます。また、多量の降雨が斜面の地下水位を上昇させ、砂と水の混合流が斜面の途中から出ると、パイプ状の空洞ができ、地下水がすべり面となり、一気に崩れるパイピング現象も顕著です。六甲山地での斜面崩壊はこのケースが多いのです。

なお、斜面の勾配も斜面崩壊に大きな影響を与えます。最も崩れやすい傾斜は40度から49度の斜面で崩れやすいのです。このような急斜面は隆起量の多い六甲山地で多く見られます。

六甲山地が崩壊を起こし易い要因として、指摘しなければならない問題が、もう一つあります。六甲山地が断層活動でできたことは上に触れました。六甲山地では五助橋断層などいくつもの活断層が山地内や山麓部を走り、その付近では急で、不安定な断層崖を形成しています。また、断層付近では破砕帯が発達し、花崗岩は粉々に砕け細粒となり、一部粘土化しているので崩壊しやすいのです。

崩れた土砂は斜面や谷に厚くたまります。したがって、六甲山地での風化の程度を調べることはきわめて大切ですが、風化地図はごく一部を除きできていないのが現状です。

### C　六甲山地周辺で起きた主な土砂災害と防災

六甲山地は何度も豪雨による甚大な土砂災害に見舞われてきました。

１９３８年災害では、六甲山地では至る所で斜面が崩壊し、また多数の土石流が発生して、石礫や多量の土砂が急勾配の河川を高速で流れ下り、家屋を直撃し、多数の被害者がでました。土砂は当時の神戸市街地のほぼ全域に広がりました。１９６１年災害では、崖崩れや土砂流出による被害が発生し、流出土砂が居住区を襲う被害が多かったほか、河川や水路の暗渠化に伴って浸水区域が増えました。１９６７年災害では、斜面崩壊による流出土砂が山麓開発地の家屋を襲い、大きな被害が出たのが特徴です。さらに、河川の氾濫による浸水や土砂の堆積などによる被害も多発しました。

これら災害を受けて１９３８年に国の直轄事業で防災工事が着手され、そして、

１９５８年の地すべり等防止法、１９６９年の急傾斜地保全対策事業の法制化、１９７１年には砂防基本計画が策定され砂防施設が建設されていきました。また、乱開発防止するため、１９６１年には宅地造成規制法が制定され、１９６９年には急傾斜地崩壊危険区域の指定をおこない開発の制限を定めましたが、六甲山地では開発が進行しています。

## Ｄ　六甲山地の土石流災害リスクとその対策

ここでは、とくに、一番問題な土石流の問題について述べます。

上には触れませんでしたが、六甲山地では兵庫県南部地震により斜面崩壊が多数生じたので、大量の土砂が河川上流にたまっています[5]。これは他の土地にはない、六甲山地周辺の災害リスク環境です。六甲山地では、少量の雨でも土石流が発生する危険性があります。土石流が堆積する区域は大きな被害を受けるので、渓流出口の扇頂部から下流で、土地勾配が2度以上の区域を土砂災害警戒区域（土石流）と指定しています（図2）[6]。特に、川筋の低地は土石流が襲う可能性が高く危険なので土砂災害特別警戒区域となり、家を建てる場合は都道府県知事の建築確認などの許可が必要で、時には移転勧告の対象にもなります[7]。

六甲山地の河川の多くは、土石流危険渓流に指定され、土石流に備え砂防ダムが約

520基と多数建設され、将来約800基とする予定です。しかし、砂防ダムの多くはすでに土砂で埋まっており、土石流を防ぐ能力が乏しいのが現状です[7]。石屋川では、砂防ダムで止められる土砂量が約1万立方メートル、流出する土砂量が約3万立方メートルと、発生した土石流を止められません。住吉川でも、流出する土砂量が砂防ダムで止められる土砂量を上回ります。

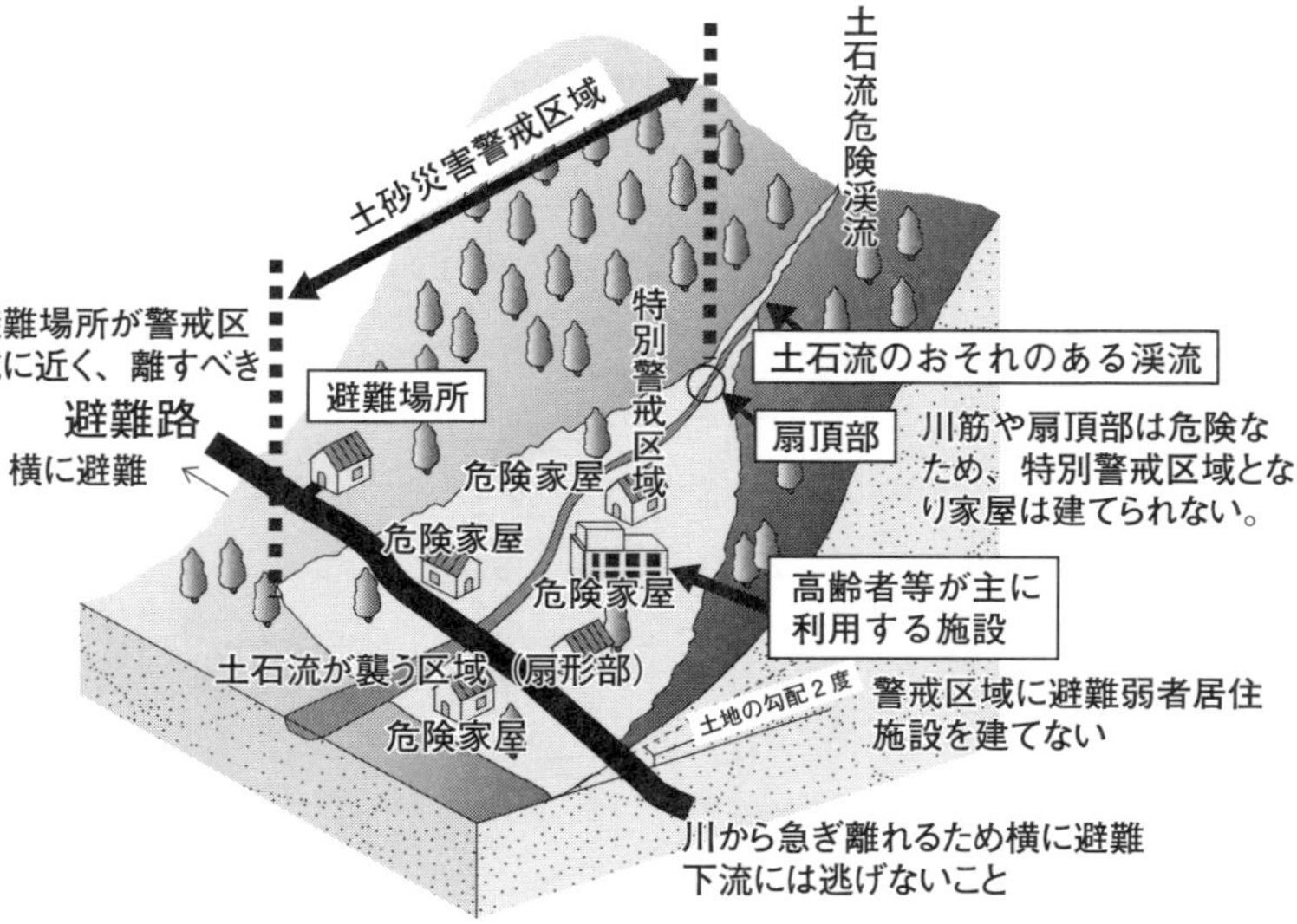


図２　土砂災害警戒区域（土石流）の模式図[6][7]に加筆
扇頂部や川筋の土砂災害特別警戒区域は特に危険なため、家屋建築には都道府県知事の建築確認など許可が必要。時に、移転も勧告される。特別警戒区域内の高齢者施設の開発などは安全確保の技術基準に従っていると都道府県知事が判断した場合に限られる。避難は川から横方向に。避難場所は警戒区域から離れて設置することが望まれる。

六甲山地の河川について、河川の勾配（15度以上がより危険）や河川堆積物の厚さ（２メートル以上がより危険）を主な調査項目とする国の方法をもとにして土石流の危険度判定がおこなわれました[8]。その結果によれば、例えば神戸市須磨区の妙法寺川支流域は河川の勾配が高く、河川堆積物も厚く、最も危険なランクに属します。さらに、神戸市灘区の石屋川など０・１キロ平方メートル以下の小規模渓流の多くは最も危険なランクに属することが判明したのです。しかし、このような小規模渓流は砂防ダムや砂防堰堤などもあまりなく、発生した土石流を止められないのが現状です。しかも、この危険な小規模渓流の出口にも宅地開発の波が押し寄せているのが実状です。さらに、これら渓流出口には神戸市須磨区だけでも暗渠が７箇所以上もあり、５箇所以上の渓流で60度を超える屈曲を伴うなど、さらに危険な要素が見られます。住民の多くは、水もあまり流れていないような小渓流で土石流が生じるとは思ってもいません。広島土砂災害でも小規模渓流で土石流が発生したのです。

六甲山地でのこれまでの防災工事は、降った雨水を短時間で海に流す高排水方式をとるため、直線的な流路変更が数多くおこなわれ、流速が速い状況が人工的に作られています。神戸市東南部の六甲山麓に位置し、河川流路の直線化がおこなわれた都賀川では、２００８年の豪雨で、河川水位が急上昇する鉄砲水が生じ、被害者がでました。都賀川では上流は急勾配ですが、災害現場では緩くなり、水位があがりやすい状況にあるのです。兵庫県はこの付近を土砂災害警戒区域（土石流）に指定していました。しかし、兵庫県や国は地震後の「復興」計画の目玉として、都賀川に日本で最初の親水公園を作りました。この地域は阪神大水害の土石流でも甚大被害を受けました。これまでコンクリートで守り、人を川から切り離した政策を改め、親水化することは意義がありますが、危険地域では適用してはいけないのです。このような所での災害は人災と言って良いでしょう。私は「復興災害」と呼んでいます。

## E　六甲山地山麓の開発と、行政の災害対策

六甲山地周辺には小高い扇状地や段丘が発達しています。そこは、上に述べた崩壊しやすい山地に接し、もともと土石流や土砂流で築かれた土地です。しかし、そこは眺望が良いので宅地化されています。実際、兵庫県南部地震では、断層付近などで７５０箇所以上におよぶ多くの斜面崩壊が生じました。さらに、地震で斜面に亀裂が生じたため、その後の降雨で雨水が浸透し、斜面崩壊が１５００箇所以上に拡大しました。

土砂災害警戒区域（急傾斜地の崩壊）の指定は斜面の傾斜が30度以上、高さが5メートル以上で、急傾斜地の上端から水平距離が10メートル以内の区域、急傾斜地の下端から急

傾斜地高さの2倍以内の区域が指定されます（図3）[6]。崖直下の土砂災害特別警戒区域の開発にあたっては、都道府県知事の建築確認など許可や建築物の構造規制を受ける必要にもかかわらず、地域住民が危険性を指摘しても建築許可が安易に出されています。この傾向は兵庫県南部地震後より顕著な傾向です。

　この土砂災害警戒区域（急傾斜地の崩壊）

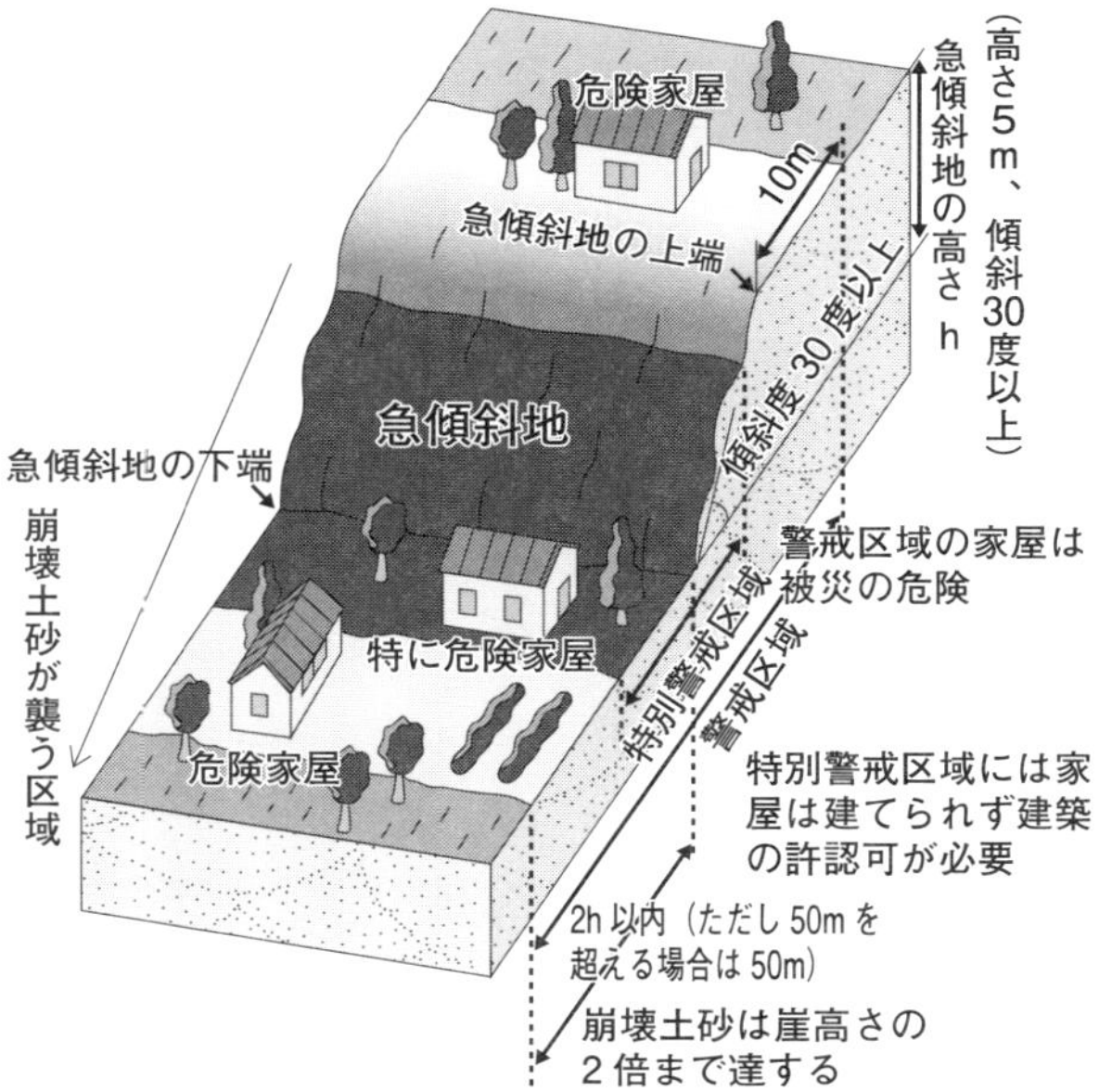


図3　土砂災害警戒区域（急傾斜地の崩壊）の模式図[6]に加筆
崖直下の土砂災害特別警戒区域内に家を建てるには、都道府県知事の建築確認など許可が必要、建造物の構造規制も受ける。崩壊土砂は崖高さ、もしくは約2倍程度に達するので、その範囲を超えて避難することが必要。

は六甲山地に多数存在しますが、その状況は必ずしも充分には把握されていません。兵庫県南部地震ではこれらの多くが損傷しました。そこで神戸市内の土砂災害警戒区域（急傾斜地の崩壊）約830箇所以上の損傷の状況を調べ、崖の高さや勾配、亀裂、斜面上の湧水、集水範囲などを建設省河川局砂防部の方法で調査がおこなわれました[9]。その結果、今後降雨などで大きく崩壊する可能性がある箇所が39箇所存在することが明らかとなりました。それらの多くは断層が走る山麓部に分布しています。この危険な山麓部付近では少しの雨でも崩壊する状況にありますが、多数の家屋が建設されています。例えば、神戸市東部では、活断層が分布し、兵庫県南部地震で地すべりが生じた斜面でさえ、開発されています。

土砂災害の急増に伴い、2004年4月に「土砂災害対策法」[6]が制定されました。この法律はソフト面対策から国民の生命と身体を守ることを柱にしています。すなわち、土砂災害のおそれのあるところを公開して、危険の周知、警戒避難態勢を整備しようとするものです。この法律により行政は土砂災害警戒区域内の土地の現状を監視・把握する責務を負うことになるので、危険箇所を詳細に公表し、開発規制をおこなうべきです。神戸市ではハザードマップを作成していますが、充分な説明がありません。今後、行政と地域住民が一緒になって、より具体的な危険地域の防災対策をおこなうことが望まれます。

以上のように、六甲山地周辺の土砂災害は六甲山地の生い立ちと密接に関係しており、宿命的でさけられません。しかし、私たちは「山、海へ行く」という「神戸型開発」を進めてきています。そのため、六甲山地周辺では土砂災害危険地域と住宅地が隣接する状況が増加しています。もう六甲山地の開発はやめましょう。これが、六甲山地の土砂災害の教訓ではないでしょうか。

## 三　人工造成地盤の災害――兵庫県南部地震による六甲山地周辺の被害――

### A　兵庫県南部地震での谷埋め盛土地の被害

兵庫県南部地震では六甲山地の山裾のゆるい谷埋め盛土地で多数の地盤被害が生じました。西宮市仁川百合野町では阪神水道の北斜面が崩壊し、多くの犠牲者がでました。この斜面は浄水場の造成時に出た土砂を当時の谷に盛土して作られていたのです。崩壊は地震動により盛土の下底付近が液状化し、その直後盛土全体がすべったのです。

神戸市長田区での谷埋め盛土地においては、旧の谷と平行に亀裂が多数入り、地盤は谷側にずり落ち、滑落崖も見られました。地震動で水を含んだ盛土が液状化し、宅地地盤がすべったと考えられています（写真１）[10]。

芦屋市の谷埋め盛土地では、マンション周囲の地面が陥没し、建物が沈下しました。一方、旧の谷下部では逆に地面が隆起しました。盛土層の底が液状化ですべったと思われます。

兵庫県南部地震では、神戸市の学校では21校が建て替えなど甚大被害が生じました。これら学校の多くは谷や池を埋めて建てた学校でした。西宮市でも谷埋め盛土地域で被害が生じました。特に、厚い谷埋め盛土地での被害が目立ちました。東北地方太平洋沖地震でも、仙台市周辺では約6000箇所もの宅地被害が生じましたが、多くが谷埋め盛土地でした。

### B　谷埋め盛土地の被害の要因と開発

谷埋め盛土地の多くは、旧の谷のため集水領域にあり、盛土中に地下水位があります。盛土はゆるい砂などからなるため、容易に液状化し、また、地下水位が傾斜しているので、測方流動

写真1　地震による谷埋め盛土地の被害（神戸市長田区大谷）[10]

を起こします。そのため、盛土地盤は谷の下流側にすべり、開口亀裂が生じ、谷の末端では盛り上がり、家屋が被害を受けたのです（図４）[10) 11)]。

そこで国は法整備をおこない、１９９８年に宅地の耐震基準（宅地防災マニュアル、２００７年に改訂）を作成しました。しかし、兵庫県南部地震後も谷埋め盛土が進行しています。例えば、兵庫県西宮市では、住民の反対にもかかわらず谷を埋めて約２万平方メートルの敷地に集合住宅が建設されました。東北地方では津波対策を理由に、盛土を伴う高台への移転が進行しています。谷埋め盛土被害の教訓を生かして欲しいものです。

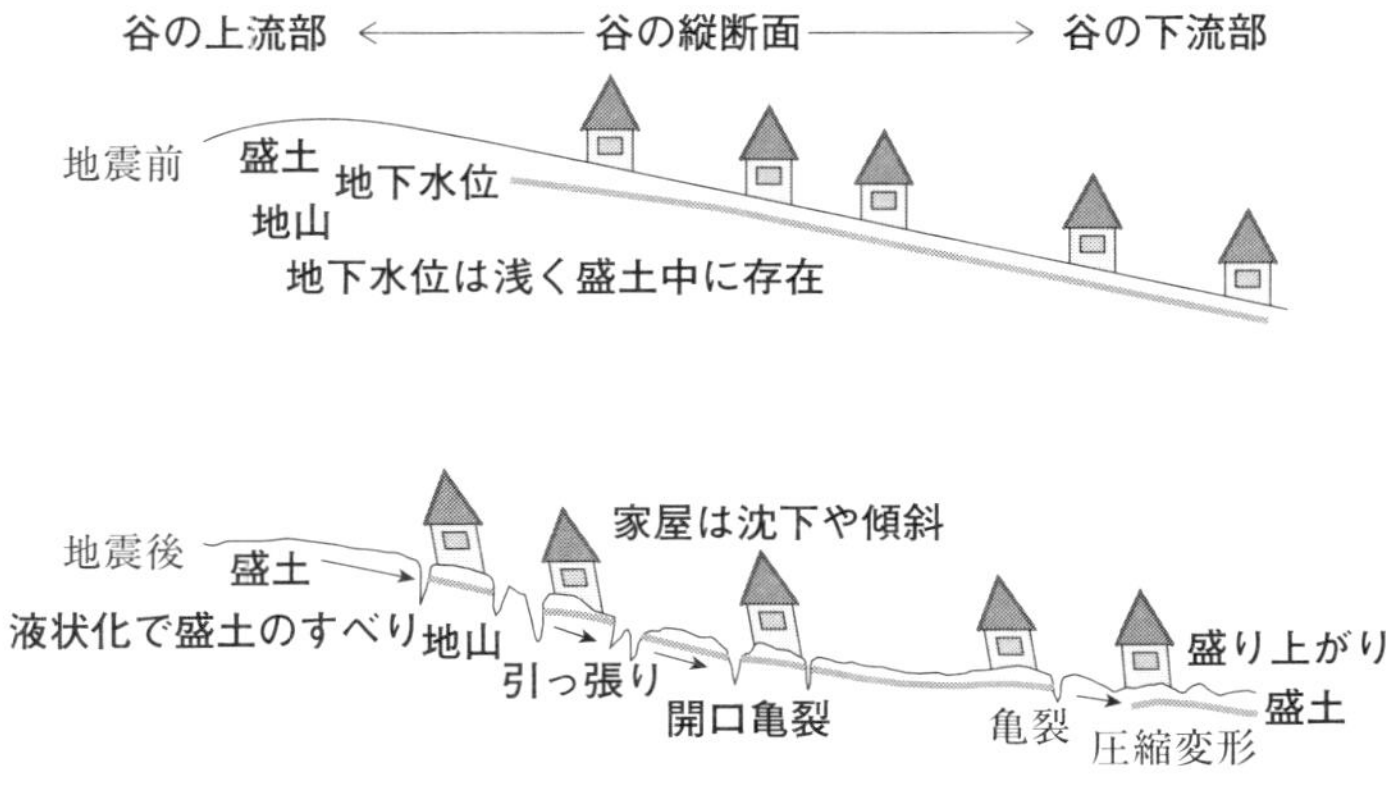


図４　谷埋め盛土地の縦断面と宅地・家屋被害[10) 11)]
谷埋め盛土地では地震で盛土が液状化し、盛土地盤が谷の下流側にすべるため、谷上流部では開口亀裂が生じ、逆に谷下流部では盛り上がる。そのため、家屋は足元をすくわれ、沈下や傾きが生ずる。地下水位は浅く、盛土と地山の境界付近に存在。

## C　液状化による人工島の地盤被害と「創造的復興」

兵庫県南部地震では地盤の大規模な液状化が起こりました。人工島ポートアイランドの埋土材には、液状化を起こしやすい海砂ではなく、粒が不揃いなまさ土が用いられ、神戸市は液状化を起こさないと主張してきました[3)]。しかし、実際は、ポートアイランドは全面液状化し、側方流動が生じました。護岸は約2メートル沈下し、内陸部もゆりこみ沈下で、数10センチメートルも沈下しました。また、神戸大橋も損傷し、一時的に陸の孤島となりました。さらに、インフラも損傷して長期間断水ました。なお、医療産業都市が位置する地区はサンドドレーン工事がおこなわれていたため、液状化は軽減されましたが、被害を受けています。同じ人工島の六甲アイランドでも、液状化による大きな被害を受けました。「創造的復興」の目玉である医療産業都市では、県立子ども病院を高台の安全な神戸市須磨区から、住民が強く反対しているにもかかわらず移転させせました。さらに、地震のさなか「創造的復興」と称して神戸空港が作られました。神戸空港直下には、大阪湾断層が通り、それが活動すれば、数分で大津波が起こり、大規模液状化も生じます。神戸空港は長大のり面で構築し、対策は万全とされていますが、液状化がおこれば、その長大のり面も崩壊する可能性が高いのです。

神戸港の岸壁や護岸背後の地盤は液状化し、側方へ流動したため平均2メートルも沈下し、港の機能の8割が長期間麻痺しました。液状化は河川の堤防でも生じ、淀川左岸の堤防では3メートルも沈下したほか、猪名川の堤防も大きく損傷しました。南海トラフ地震による津波が襲えば、大きな被害が生じるでしょう。なお、液状化は自然地盤である沖積砂層でも多発しました。

### D　液状化への防災対策、津波火災

防災対策として、液状化した所では、護岸基礎部の補強などに加え、側方流動対策として護岸外側への矢板の打込みだけでなく、護岸内側に複数の鋼管を液状化しない層まで深く打ち込む鋼管杭工法などが必要です。また、サンドドレーン工事を全域でおこなう必要性がありますが、すでに建物があり難しいのが現状です。また、地下水位を下げる工事も必要です。しかし、復旧工事ではこれら対策は充分にはおこなわれていません。

さらに、津波火災の問題があります。兵庫県南部地震では御影浜や須磨港では液状化でタンクが約2メートルも移動し、あわや火災が生じる寸前でした。タンクから漏れた危険物からの発火による津波火災は、東日本大震災でも起こりました。今、大阪府は大阪北港から2・2万トンの油が漏れると想定し、津波火災に備えています。一方、兵庫県では、津波火災について、今のところ全く検討されていません。

## 四　終わりに

以上、自然環境を無視した都市開発が何をもたらすかの先例として、六甲山地周辺の問題の一部を記述しました。そこでは触れることができなかったのですが、兵庫県や神戸市の防災計画の弱点として、日常的にも災害時にも、住民との協力体制が不備だったことが被害を拡大させたことがあげられます。今後、このようなこれまでの開発の問題から教訓を読みとり、二度と同じ失敗を犯さないことが大切ではないでしょうか。災害の多発と激甚化が怖れられるにあたり、日本全国でこれらの問題が他山の石とされることを願います。

【注、および参考書、参考文献】

1）家屋を跡形もないように吹き飛ばし、多数の人命を奪ったのは土砂とともに流下した岩塊でした。しかし、山の渓流から流下した多量の土砂が、広い地域を埋めたのも事実です。当初、マスコミその他が「広島土砂災害」と呼んだのが、この災害の名称のようになっています。

2）藤田和夫『日本の山地形成論――地質学と地形学の間――』、蒼樹書房、４６６頁、１９８３年。
3）兵庫県土木地質図編纂委員会『兵庫の地質、10万分の1兵庫県地質図解説書』、兵庫県土木部、３６１頁、１９９６年。
4）池田　碩『花崗岩地形の世界』、古今書院、２０６頁、１９９８年。

5）兵庫県南部地震の際には、山腹だけでなく、山の峰で岩塊が岩盤から外れて跳び、谷に落ちました。

落ちた岩塊は、次の豪雨の際の土石流の材料となります。

6）国土交通省「土砂災害警戒区域等における土砂災害防止対策の推進に関する法律」、14頁、２０００年。（略称：土砂災害対策法）。２０１４年に一部改正。
7）田結庄良昭「災害多発社会への備え」、塩崎賢明・西川栄一・出口俊一・兵庫県震災復興研究センター編『大震災20年と復興災害』、クリエイツかもがわ、Ⅲ、２２８頁、２０１５年。
8）末延武司・田結庄良昭『六甲山地の河川の土石流危険度』、第11回環境地質シンポジウム論文集、79～83、２００１年。
9）田結庄良昭『地震後の神戸市の急傾斜地崩壊危険区域の崩壊による災害の防止の研究――危険斜面のカタログ作成――』、神戸大学発達科学部研究紀要、１０１～１１８頁、１９９８年。
10）田結庄良昭・末延武司・香田達也・金丸龍夫・新井敏夫『兵庫県南部地震で損傷を受けた人工改変地の地中レーダ調査――神戸市西部大谷地域――』、神戸大学発達科学部研究紀要、第14巻、第2号、２０３～２０９頁、２００６年。
11）田結庄良昭「地震、防災、環境」、塩崎賢明・西川栄一・出口俊一・兵庫県震災復興研究センター編『大震災10年と災害列島』、クリエイツかもがわ、Ⅲ―7、３００頁、２００４年。

# 第3章

# 自然及び人為的環境変化と災害

## ——京都府下・宇治川流域における例——

紺谷　吉弘

## 一　はじめに

京都盆地南部の宇治市域は、古代から交通の要衝として重要な位置を占めています。琵琶湖から流れ出た瀬田川が宇治川と名称を変え、醍醐山地の峡谷をぬけて京都盆地の平野にさしかかると、かつてその場所には巨椋池が広がっており、桂川・木津川も流入していました。巨椋池から出る流れは山崎狭窄部で一つにまとまって淀川となり大阪湾に注ぎます。約400年前、豊臣秀吉はいわゆる太閤堤造営の大規模土木工事によって宇治川と巨椋池を切り離し、宇治川を巨椋池の外周を回る人工河川（天井川）に変え、現在の宇治川の原型を造りました。秀吉の造った人工河川である宇治川の存在は、その後の京都・大阪の経済・文化発展の基礎となり今日まで続いています。

宇治地域は2012年、2013年と2年続きの水害に遭遇しました。この水害の特徴や原因を探っていくと、地質・地形学的諸条件をはじめ、古代から現代に至る人為的な環境変化の累積が要因となっており、しかも狭い地域でありながらさまざまな諸要因が凝縮されていることが理解できます。そしてまた、現在進捗中の天ヶ瀬ダム再開発計画ではダムの放流能力を現行の840$m^3$／秒を約2倍化して1500$m^3$／秒にする内容で放流トンネルの掘削が進められ、宇治川の流下能力もそれに対応するように河床掘削が進められていますが、その危険性を指摘せざるを得ません。宇治市民は１９５３年に宇治川堤防が決壊し「巨椋池復活」と称される大災害を経験していますが、宇治川の成り立ちを無視した秀吉以来のこのような人為的な改変は、さらなる災害の原因に転化する可能性があるものと考えます。

そこで、２０１２年と２０１３年の宇治水害の素因や要因を探り、宇治川防災の今後の問題点につい考えることにします。

## 二　宇治の地質学的自然環境と災害素因の蓄積過程

### A　地質構造的環境

近畿地方の北部には琵琶湖・大阪湾・伊勢湾を含む近畿三角地帯[1]と呼ばれる活断層の集中する地帯があります。それは敦賀湾付近を三角形の頂点とする地域で、比良・六甲・淡路島が西の境界、養老山地が東側、和泉山地が南側の境界を造っており、京都盆地は西側のへりに位置しています。

近畿三角地帯には東西の圧縮力が働き、上昇山地と沈降盆地が交互に配列しており、南北方向の花折断層や黄檗断層、東西方向の有馬—高槻構造線や、その延長と考えられる宇治川断層を始め、北西—南東方向の断層群が発達しており、宇治はそれらのさまざまな方向の活断層が収れんする位置に当たります。

図1は京都盆地中心部の東西方向の地質断面図[2][3]です。上昇山地は活発な侵食の場となり、一方沈降盆地には厚い地層が堆積し、両者の間には断層が生じます。活動の程度を知る上で火山灰が役に立ちます。約80万年前に堆積したアズキ火山灰層の分布を調べると、京都盆地の縁と中心部では約300メートルの高低差があります。単純に見積もって1000年間約40センチメートルの高低差が生じていることになり、京都盆地周辺は1000年に数10センチメートルのオーダーで地形が変化しているということができます。

## B　巨椋池の時代

次に巨椋池を中心にした地形変化を見ていきます。図2に古墳時代の巨椋池[4]と平安時代の巨椋池[5]の様子を比

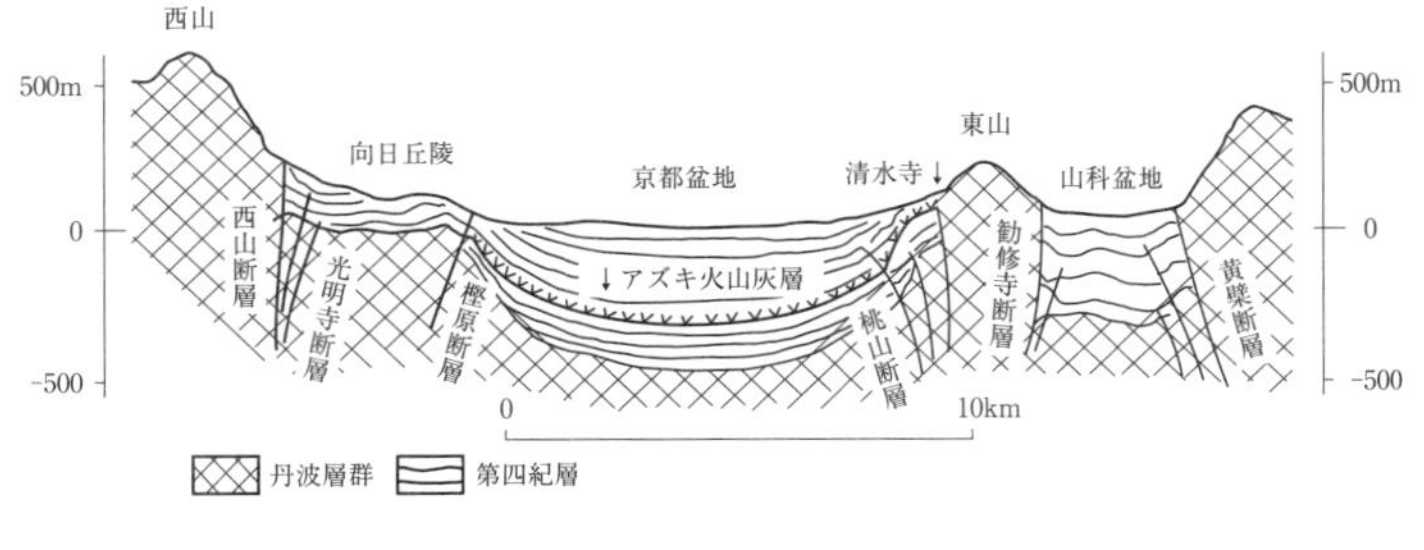


図１　京都盆地の断面図
植村（1999）及び留岡（2009）を元に作図

較のために同じ縮尺で並べています。古墳時代の図は宇治川の河口付近と巨椋池の一部だけですが、東側の陸地は巨椋池に張り出す扇状地を形成し、宇治川の河口にはいくつかの三角州ができています。ところが、平安時代の図になると、巨椋池の西側から北側の広い範囲に三角州堆積物が拡大しています。奈良・平安時代には宇治川上流の花崗岩地帯での森林伐採が大量の土砂流出を引き起こし、下流に運ばれました。それらが巨椋池で堆積し三角州を形成しました。また巨椋池の東から張り出した扇状地によって直進を阻まれた宇治川からの流れが三角州を横断する流路を作ります。その結果、全体として花崗岩由来の砂（マサ）を主体とする小規模な島が多く形成されました。ここには大島、向島、蝦島などの島がつく地名が残っています。

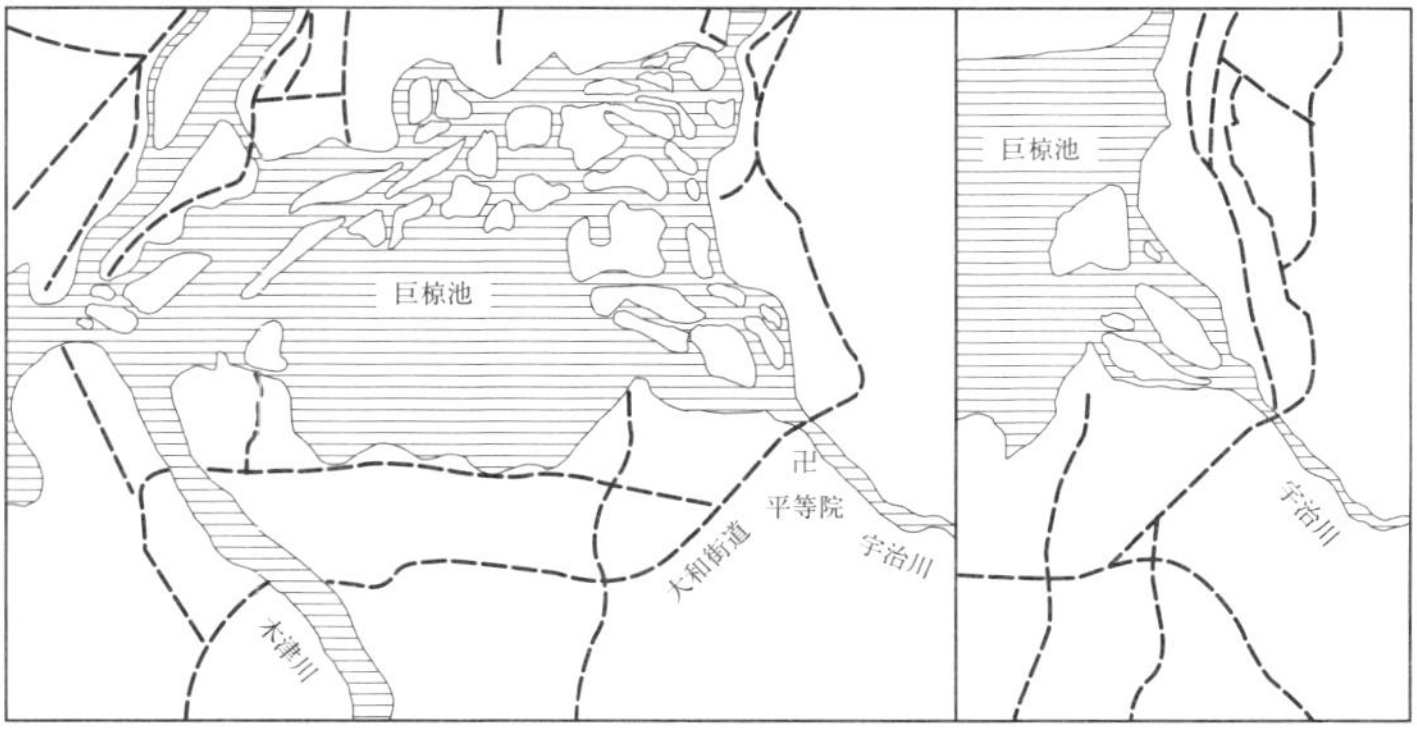


図２　巨椋池の変遷
右　古墳時代の巨椋池（宇治市歴史資料館、1996）
左　平安遷都以降、秀吉伏見城築城まで（巨椋池土地改良区、1962）

## C　人工河川宇治川の形成とその変貌

図3は400年ほど前に、豊臣秀吉が伏見城築城とともにおこなった大規模土木工事、いわゆる太閤堤の造営以後の様子を示します[5]。豊臣秀吉が三角州や中州をつなぐ堤防を築いて宇治川と巨椋池を切り離してしまいました。宇治川、木津川、桂川が流れ込む広大な巨椋池は縮小され、新たな人工河川である宇治川が、巨椋池を取り囲む天井川として、流れていくようになりました。そして大山崎の狭窄部で桂川と木津川が合流して、淀川になっていきます。それからの宇治川は、京都・大阪を結ぶ水運の要となり経済文化発展の基礎となってきました。しかし、人工河川で天井川であるという不自然さ故に大雨洪水による破堤と修復強化が繰り返されました。宇治市史によれば1594年の築堤以来今日までのほぼ420年間に16回、平均して26年間に1回の割合で破堤が生じています[6][7]。堤防の破堤と修復強化が繰り返

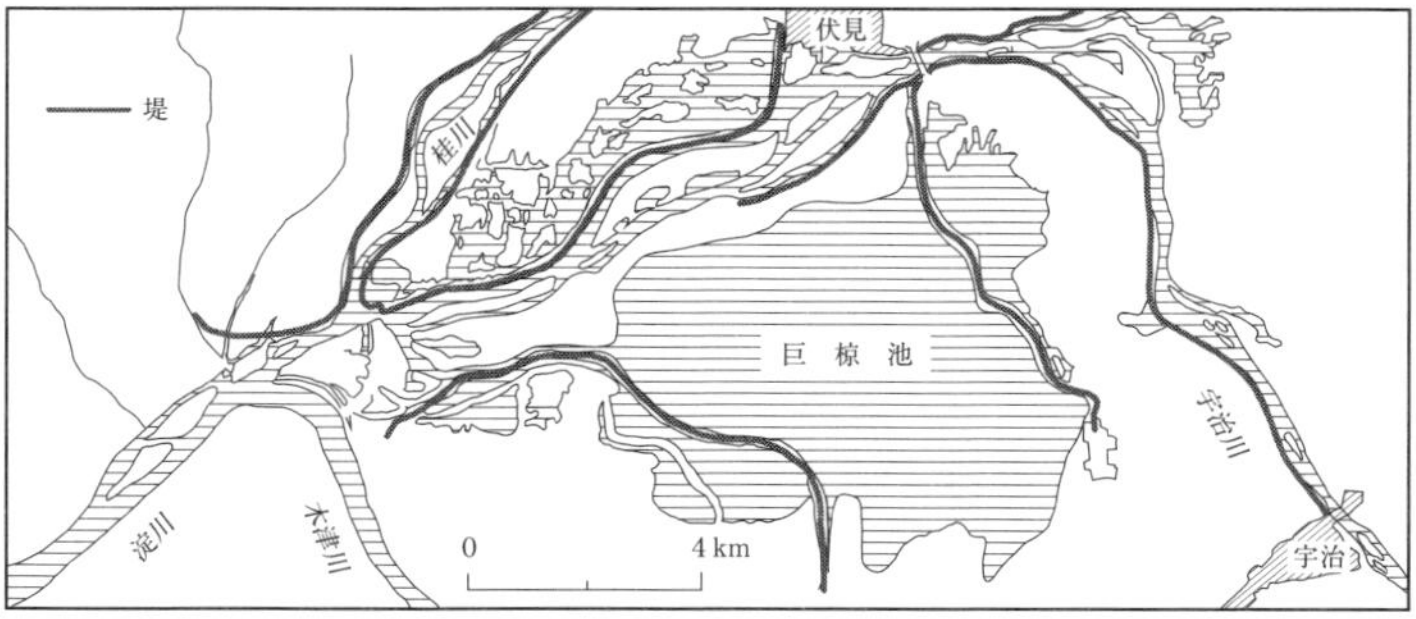


図3　豊臣秀吉時代巨椋池沿岸築堤工事概要

される一方、宇治川に大きな変化が相次ぎます。明治29～42年の淀川水系の改修工事は宇治川の河床を低下させ、明治39年の宇治川と巨椋池の完全分離は巨椋池の水質悪化とマラリア流行を招き、巨椋池干拓の要因の一つとなりました。そして１９５８年9月の豪雨で、宇治川堤防が決壊し巨椋池が復活するような災害が発生しました。水害の記憶と全国的な電源開発の機運とが重なるなかで、淀川水系の多目的ダム第1号として天ヶ瀬ダムの建設につながっていきました。天ヶ瀬ダムは上流からの土砂供給を完全にたち切ったため、宇治川の河床低下は急速に進行し、その量は中書島付近では5メートル以上に達しています。明治以降の宇治川の治水の歴史[8]を表1にまとめていますが、一貫して、宇治川の河床低下現象が内在していることは重要です。

## D　高度成長期から引き続く宇治の環境変化

巨椋池の干拓事業は１９３３年～１９４１年におこなわれてほぼ現在の地勢ができあがり、１９５１年に近隣町村合併によって現在の市域でほぼ純農村地帯の人口3万８０００人の宇治市が誕生しました。60年代前半から京阪神の住宅都市として急激な人口増があり、現在約19万人の中核都市となっています。

開発による環境の急激な変貌は地形図の比較からわかります（図４）。１９８５年と

宇治川の治水の歴史

| | | | |
|---|---|---|---|
| 第一期 | 河川技術の近代化<br>（明治初年～<br>明治20年代） | | 外国人技術者の招聘<br>上流域のはげ山の砂防工事 |
| 第二期 | 治水の時代<br>（明治29年～<br>昭和30年代） | 1887（M29） | 河川法施行 |
| | | 1888（M30） | 淀川改良工事<br>瀬田川疎通能力の増加<br>淀川本流の拡幅 |
| | | 1910（M43） | 宇治川と巨椋池の分離 |
| | | 1918（T7）<br>～<br>1933（S8） | 三川合流部の背割堤新築 |
| | | 1953（S28） | 向島堤防破堤 |
| | | 1954（S29） | 淀川水系河川改修基本計画策定（S28洪水をふまえて、基本高水および計画高水流量の改訂とそれに伴う改修工事、ダムによる洪水調節を積極的にとりあげる。瀬田川洗堰改築、天ヶ瀬ダム建設、高山ダム建設、瀬田川浚渫など）、（天ヶ瀬ダムにより計画高水流量900 m$^3$／秒） |
| 第三期 | 治水・利水の時代<br>（昭和39年～平成８年） | 1964（S39） | 河川法の改正 |
| | | 1971（S46） | 淀川水系河川改修基本計画改定（宇治川計画流量1500 m$^3$／秒＝前期放流） |
| | | 1972（S47） | 琵琶湖総合開発計画<br>琵琶湖沿岸の開発と自然環境の悪化 |
| 第四期 | 治水・利水・環境の時代<br>（昭和39年～平成８年） | 1997（H9） | 河川法改正 |
| | | 2000（H12） | 淀川水系河川整備計画<br>『新たな河川整備を目指して』<br>（天ヶ瀬再開発＝後期放流1500 m$^3$／秒） |

表１　宇治川の治水の歴史年表。芦田・早瀬（2005）を元に作成

２００５年の地形図を比べると、１９８５年、宇治市の人口が15万人くらいのころには、すでに山地・丘陵地の開発が進んでいて、広いゴルフ場が山陵部を占めています。２００５年の地形図では山陵部のゴルフ場が拡大し、住宅地も丘陵地に拡大しているのが明瞭です。住宅公団が開発した住宅地や大手企業が開発した大規模な住宅団地ができると、これが引き金となって多くの民間の住宅が建っていき、農地や山林が失われていきます。そして住宅地よりもさらに山側の斜面に学校建設・大規模霊園の造成がなされています。

## 三　2012年8月14日宇治市莵道地域におけるゲリラ豪雨災害の特徴[9)]

### A　全体的特徴

14日午前3時からの1時間に78・5ミリメートル、

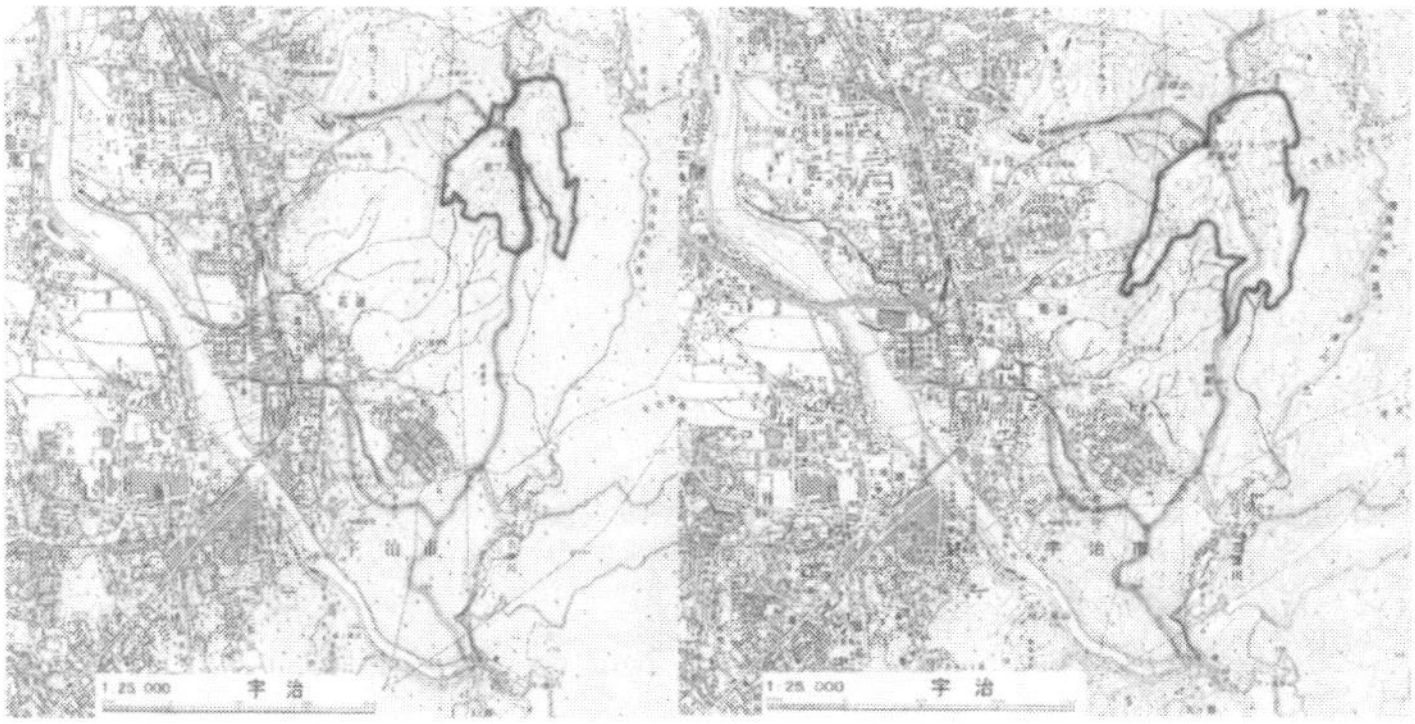


図４　1985年（左）と2006年の地形図（右）の比較。太線内はゴルフ場。

同3時30分からの10分間雨量では20・5ミリメートルを記録、13日午前7時から14日10時40分までの総雨量は311ミリメートルに達しており（宇治市災害本部発表）、死者・行方不明者二人、被災家屋は2060戸を超えていました。山間地域での孤立や、これまで水害に見舞われることがほとんど無かった東宇治地区の、戦川流域での広域的な越流・内水被害、堂の川の氾濫、弥陀次郎川の決壊によって広い範囲が浸水しました。川を横切る道路や橋で流木が詰まり、溢れた水が住宅を直撃しつつ、広い範囲に大量の土砂・粘土を堆積させ、住民の基本生活資産へ大きな打撃をあたえました。

この水害の特徴は宇治川に流入する中小河川の氾濫が大きな被害をもたらしたことにあり、その背景には間違いなく山地・山稜部におけるゴルフ場、丘陵部における急激な宅地開発があります。東宇治地域にはかつて多くの水田や茶畑がありましたが、農地が大型マンション、住宅、駐車場などに変わっていくとともに、宅地化した地域の排水は既存の農業用水路や、旧来のままの河川水路につなげられ、下流に行くほど排水の負荷が増す状態にありました。新しい丘陵斜面開発地の水路は規模が拡大されているのに、下流の改修は遅れており、しかも河川を横断する道路や線路でさらに断面が絞られており、その上流木が流れを妨げました。

## B　宇治市菟道戦川流域地域の水害の特徴

宇治川が山地をぬけて平野部にさしかかった宇治川右岸の地域は、古くから拓けた菟道と呼ばれる地域で戦川流域にあたります。戦川は扇型に広がった流域を持ち、大きく六つの支流域に区分されます。山頂部までゴルフ場による開発が進んだ支流域、大規模住宅団地になった支流域、まだ農地が残っている支流域などでは洪水の発生の仕方に地域差・時間差が出てきます。また山麓傾斜地の住宅地とより下流部の平坦地の住宅地の間では、さらにその違いが大きくなって、被害の加速、増幅、多重化がもたらされています。

## C　菟道谷下り地区は２回の激流に見舞われた

地域の全体的な水害発生時刻は午前5時前に起こっていますが、菟道谷下り（とどうたにさがり）という地区では、早く午前3時過ぎに、強雨が降ったすぐ後に、ただちに床上浸水が起きています。これは山林に降った雨とは違って、大規模住宅地に降った雨は、アスファルトの路面と縁石で水路に変わった道路を通って効果的に下流に運ばれ、駐車場やマンションの進入路から避難路を通り、また交差点ごとにより低い地区の住宅地に流れ込んでいきました（図５）。

午前5時前、菟道地域全体が激流におそわれ、なかでも谷下り地区は戦川の堤防を越流した流れと道路から流れ込んだ水が出会い、しかも水の行く手は野球グランドの高さ160~180センチメートルのブロック塀で阻まれたために住宅地は瞬く間に水没状態になりました。あふれた水の圧力でやがてグランドの塀は押し倒され、激流はグランド横切って府道京都・宇治線を横切っていきます。

### D　道路で洪水流が出会う

グランドの西には6車線の府道京都・宇治線が南北に通っていて、グランドに隣接

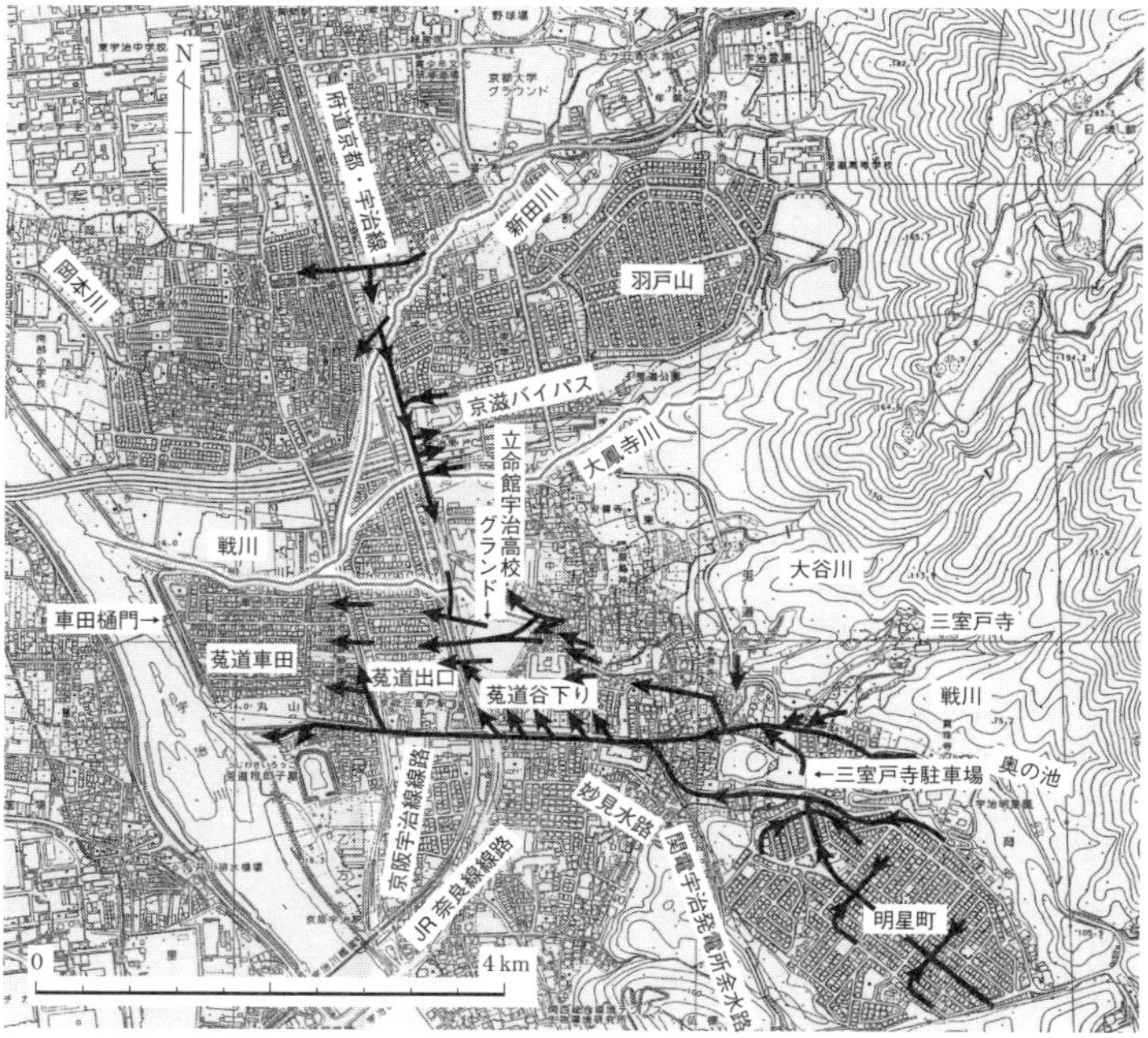


図5　宇治市莵道地域における2012年8月14日の水害の様子

する部分が一番低く、南北両方向に上り坂になっています。北方向に向かうと、戦川本流と支流の大鳳寺川を横切り、ついで高速道路京滋バイパスの上をまたいでいます。南方向では丘陵部の大規模団地につながる幹線道路と交差します（図５）。

菟道谷下り地区から府道にあふれ出た水は、京滋バイパスを水没させた新田川や大鳳寺川流域の洪水流と６車線の府道で出会い合流し、高さ１メートル以上の柵を超える激流となって、府道と平行に走るＪＲの線路に流れ落ち、勢いが衰えないまま住宅地に入って横に広がっていき、京阪宇治線の線路を超えるときには幅２００メートルの滝となり、さらに線路下の住宅地をぬけて宇治川堤防到達し、滞留することになりました（図５）。

## Ｅ　２０１２年８月水害は過去の地形のよみがえり

戦川は東から西に向かって流れるのが地形から見て自然であるのに、谷下り地区にさしかかったところで流路が一度北に曲がってから再び西に曲がり、かつ天井川となっています。この理由が考古学の分野から明らかになっています。マンション建設時の発掘調査で前方後円墳が二基出土したほか、奈良時代から鎌倉時代の遺跡が発掘されていて、現在の戦川はそれらを避けて流れています。またボーリング調査から、遺跡を含む地層の下に、古い戦川の流路を示す堆積物が見つかっています。これらの事実は古墳時代に、すでに戦川の流路変更がおこなわれていたことをしめしています。高校の野球グラウンドは、昭和30年代まで水田で、グランドの真ん中には戦川の名残を残す農業用水路がありました。ブロック塀を押し倒した水はグランドの真ん中を流れて行きましたが、これは元の戦川の位置を通過していったといえます。

これと府道京都・宇治線、ＪＲ奈良線、京阪宇治線に沿って菟道地域の水害地の地形断面図を見てみると、戦川の天井川部分からあふれた洪水流の通過したあとは、古墳時代以前の戦川の流路に当たると考えられます。こうしたことから、２０１２年８月における宇治の戦川の水害は元々の戦川のよみがえりである、ということができます。

## 四　2013年9月台風18号水害で決壊寸前だった宇治川堤防

### A　2013年9月台風18号水害が示したもの

２０１３年９月の台風18号は京都府下全域に２００ミリメートル以上の降雨をもたらしました。宇治川では、天ヶ瀬ダム頂部のクレストゲートも開いた緊急時放流で、最大１１５１m³／秒の放流がなされました。淀川の派川である桂川・木津川の出水のピーク時における大量放流のため、宇治川の流れが停滞して上流部まで水位が堰き上げられ、堤防が決壊寸前の危機的状況に陥りました。

**Ｂ　宇治川のながれの停滞を示す堆積物**

国道24号線が宇治川をまたぐ向島では、人車両用と車両専用の二つの大きな橋とガス管橋があります。狭い範囲にこれらの橋脚が密集するため、洪水時には渦流が発生し、洪水が運んできた砂が巻き上げられて左岸の河川敷に堆積します。通常の洪水では砂が薄く広く堆積し、格好の砂場となりますが、２０１３年の洪水では、厚いところでは3メートル以上の厚さの堆積物が残され地形が一変しました。堆積物を掘って断面を調べてみると、粗い砂の層から急に粘土に代わり、それから再び粗い砂に変わっています。堆積物の粒子の大きさは流

写真１　観月橋下流側の高水敷に堆積した洪水時堆積物とその断面
堆積物は粗い砂から急激に粘土（白い部分）に変わり、ついで粘土と植物片を含みつつ粗い砂に変化している。これは流れが急激に弱まってから、再び強い流れに変わっていったことを示している。

速に対応しており、粘土の堆積は流れが一時的に停止した状態があったことを示します（写真1）。

## C　最高水位時の宇治川の様子と堤防の水漏れ

9月16日、観月橋左岸橋詰め付近で宇治川が最高水位に達した午前9時半ごろの様子を見ると、水面の高さは道路（堤防頂部）までわずか1・1メートルという状態で、水につかった橋脚や橋桁付近でも水面が乱れておらず、きわめて緩い流れになっています（写真2）。この地点から約50メートル下流では、堤防横の駐車場や住宅の石垣の隙間から水が砂や細礫とともに流れ

写真２　最高水位に達した宇治川観月橋南側橋詰
９月 16日午前９時半頃、水面は石垣上面より 1.1m（撮影：池田碩）
水面はほとんど波立っていない。

出しています（写真３）。

このような状況の下で、月の輪工法という水漏れ現場での土嚢を積み上げる水防活動が多くの地点でそれぞれ複数箇所なされており、たとえば中書島の京都大学防災研究所オープンラボ

写真３　観月橋から約 50m 下流の駐車場
駐車場奥の土蔵の石垣の間、及び歩道下の石垣の間や水抜きの穴から砂混じりの水が流れ出したため、駐車場の溝が濁っている。石垣の縁には水抜きの穴から流れ出てきた礫も見える。歩道の天端から水面まで 1.1m、駐車場に面する堤防の石垣の高さは 1.6m。（撮影：池田碩、９時半～ 10時頃）

ラトリー付近だけでも8ヵ所、京滋バイパス右岸付近では3ヵ所施工されています（写真4）。そのほかパイピングによる水漏れの痕跡に加え、堤防の小さな割れ目やアリの穴から水が出た状況や、モグラなどの小動物、キツネあるいはアナグマなどと推測される動物の巣穴からも水が出た跡が見つかっています（写真5）。

動物の巣穴がどの程度あるか調べるために、大勢で割り箸に赤い紙を挟んで地面に差し、堤防の上と下に10メートル間隔で人が並んで写真をとりました（写真6）。宇治川の堤防は満身創痍です。

写真４　宇治川右岸京滋バイパス付近の月の輪工法の例

写真5　宇治川堤防に見られる小動物の巣穴（深さ 1.6m以上）

写真6　市民団体の協力を得て、堤防斜面や堤防下に見られる水漏れ痕の穴の位置を赤い紙で示し、堤防の上と下に 10m間隔で人が立って写真を撮ったところ。堤防下の水田にはパイピングの跡が残る。

## 五　進行する宇治川堤防の危機的状況

### A　2013年9月洪水の後の右岸堤防の異変

2013年9月洪水の後、宇治川右岸京滋バイパス下流の堤防に異変が出てきました。堤防天端はアスファルト舗装の道路として利用されていますが、アスファルトに道路を横断する亀裂が生じ始めました。亀裂の形態から堤防に横ずれの動きが生じ始めたことが推察されました。この付近では月の輪工法がなされた場所であり、2014年に堤防強化の改修工事がなされました。

しかしその後2014年の年末から2015年春先にかけて天ヶ瀬ダム横の放水路トンネル掘削のためにダムの水位を下げ始め、この時期としては例年になく頻繁に350〜600$m^3$／秒の大量放水をおこないました。このような経過のなかで、新たに宇治川右岸のJR鉄橋から戦川合流点の間で、堤防天端に亀裂がより顕著あらわれ、段差や川側への傾斜が認識できるまでになり、堤防を横断して住宅地に届くものもあり、さらに縦方向の亀裂も出てくるようになりました。この変化は現在も続いています。

国交省は天ヶ瀬ダム再開発＝宇治川1500$m^3$／秒放流のために宇治川右岸に密生していた樹木を伐採し河床掘削をおこなっています。堤防基盤は先に述べたようにマサや礫層であり、堤防の下を水が行き交うことができる状況にあります。水辺の樹木は細かいひげ根を発達させてマット状になって砂礫の流出を防ぎますが、それらが除去された状況での急激な水位変化が繰り返すことによって、堤防基盤の土砂流出が生じていると考えられます。

### Ｂ　宇治川横断伏流河川の存在と宇治川の河床低下がもたらすもの

宇治川は先に述べたように秀吉が造った人工河川であり、宇治川の下には、黄檗丘陵から流れてくる急流河川が伏在しています。巨椋池の時代に粘土層に覆われ、その後大量の砂（マサ）が堆積しました。近代化・開発の波のなかで河床低下が進行し砂が洗い出されて河床や中州に礫が残りました。礫は河床侵食の進行を食い止めていましたが、天ヶ瀬ダム再開発・１５００$m^3$／秒放流計画の元で川は直線化し河床の礫は、上流から除去され、人為的に河床低下が加速しています。このままでは宇治川と宇治川横断伏流河川がつながり、宇治川からの恒常的な水漏れが生じ、ひいては破堤にとどまらず、巨椋池の復活という事態を生ずるおそれがあると考えます。今後は秀吉以来の人工河川宇治川にも寿命があることを認識する必要があるでしょう。

【参考書、参考文献】
1）藤田和夫『日本の山地形成論：地質学と地形学の間』、蒼樹書房、62～64頁、1983年。
2）植村善博『京都の地震環境』、ナカニシヤ出版、118頁、1999年。
3）留岡　昇「地震は起こるもの　盆地は地震によってつくられた」『理科の探検　RikaTan』、2009年1月号、株式会社星の環会、14～15頁、2009年。
4）宇治市歴史資料館『発掘物語宇治』、宇治市歴史資料館、200頁、1996年。
5）巨椋池土地改良区編『巨椋池干拓史』、巨椋池土地改良区、737頁、1962年。
6）林屋辰三郎責任編集『宇治市史年表』、宇治市役所、705頁、1983年。
7）国土問題研究会　宇治川改修問題調査団『国土問題72』、国土問題研究会、110頁、2011年。
8）芦田和夫・早瀬純一『宇治川の治水の歴史　太閤堤から現在まで』、財団法人河川環境管理財団大阪研究所、23頁、2005年。
9）紺谷吉弘「2012年8月14日宇治市菟道地域・戦川流域水害について」『月刊地球』407号、442～447頁、2013年。

# 第4章

# 現代文明災害の典型、原発事故災害とそのリスク

## ――地震、津波に関する盲点問題を中心に

志岐　常正

## 一 えっ？ と驚くこの技術力

２０１７年の11月に、原子力規制委員会が文部科学相に勧告をしました。高速増殖炉「もんじゅ」の運営主体を原子力研究開発機構から代えよという異例の勧告です。「もんじゅの出力運転を安全に行うに必要な資質を有していない」と判断したということです。この報道を聞いて、私が思い出したのが、同じ若狭湾の敦賀原発を昔（１９７０年代）見学したときに聞いた話です。その時私はこの原発事業者（当時、日本原子力発電株式会社）の技術力を疑ったので、今度の「もんじゅ」の話を聞くと、妙にさこそという感じがします。

ちなみに、当時は敷地内部の見学ができました。その時案内してくれた人から聞いたのですが、冷却水採り入れ口周囲にクラゲが湧くというのです。これが採り入れ口に詰まれば、原子炉の冷却が効かなくなり、大事故が起こります。なぜクラゲが湧くかというと、当時、若狭湾の一部の敦賀湾からさらに入った、浦底湾という水道のような狭い湾から水を採って冷却に使い、温まった水を同じ湾に戻していたのです。まさか、小学生でもそんな馬鹿な設計はしないでしょう。クラゲが湧いたらどうするかというと、柄杓で汲むのです。科学の粋を集めたはずの原発には人数がいません。近在から人を大急ぎで集めねばなりません。クラゲは30分ぐらいで水面一杯になるので大変です。説明者は「上に何度言っても分かってくれない」とこぼしていました。その後、温排水管は岬の反対側の海へ付け替えられましたが、今でも、クラゲ問題はこの原発の悩みの種のようです。

廃棄ガスの処理の説明がありました。先が閉じた筒を見せて、「素焼きだから小さな穴がある。ガスを一方から入れると一たん詰まるが、ぽっと燃える。穴から無色無臭のきれいなガスになってでていく」というわけです。この化学的処理では放射能が全く消えないことは、高校で理科を学習したものなら分かります。まるで放射性のキセノンを大気中に放出していることを説明したようなものですが、本人はそれに気付いていませんでした。放出量が少ないから問題ないという話でもありませんでした。

この原発の原子炉は、当然ながら岩盤の上に置かれています。そこが岩盤であることは、地形を観ただけで明らかです。ところが、ここに岩盤が穴だらけになるほど多数のボーリングを打って調査をしました。一方、地形を観るだけで活断層の存在を考えねばならぬ場所では、ボーリングの数を減らし、しかも等間隔におこないました。案の定、その後の調査で、活断層は、掘削地点の間をすり抜けていたことが分かりました。

原子力規制委員会の「もんじゅ」に関する勧告は、多数の点検の漏れや安全重要度分類の誤りなどからの判断のようです。敦賀原発の場合、上のような実情を知っていたら、この原発の稼働を、初めから誰も認めなかったでしょう。知らぬが仏でした。

## 二　福島第一原発事故と津波規模想定の誤り

２０１１年東日本大震災の福島第一原発事故について、東京電力は、津波の規模が想定外だったことを理由としています。これで言い分けになると思っているのでしたら、同社の利潤第1主義的体質だけでなく、非科学性が問題です。実は東電内部でも貞観津波規模の津波が襲来する可能性が指摘されたのに、無視されたという話です。

しかし、いわゆる想定外問題には、責任逃れ以外に、次節で述べるように、いくつもの側面があります。東日本大震災の地震津波[1]の規模は、科学的調査・研究をしたつもりの多くの地球物理学者にとっても想定外だったようです。これは深刻な事態です。海溝型地震や津波についてのこれまでの考えの根本的見直しが真剣に議論されています。しかし、それに欠落していることがあります。たとえば、地震の発生に関係してアスペリティ(図1用)、というものを考えるのは悪くはないと思いますが、その地質学的実態がまるで分かっていません。

多くの人たちは、東北日本沖に限らず、陸地から海溝に至る地域の地盤を陸側のプレートの一部として扱っています。図2、図3に示す付加体（付加コンプレックス）が、新しく陸にくっついた柔らかい堆積物からなり、プレートの主体とは物理的性質が全く違うことは考慮の外に置かれています。この付加体の海溝寄りの底近くには、デコルマントという水平的な滑り面が発達します。奥の震源の（アスペリテイの）部分での数メートルのずれが、このデコルマントを境としては数十メートルの滑りになっても不思議ではありません。そうなれば、ここでは巨大な津波が起こって当然です。

　沖合での津波は波長が非常に大きい波ですが、陸地に襲来する津波は、浅い海や海岸の深さや地形の影響を受けて複雑多様です。例えば同じ3・11の東北地方太平洋沖地震津波でも、陸前高田では先頭が段波[用]をなし、その段が大きな破壊力を持ってぶつかってきました。一方、隣の気仙沼では、水面が見る間に上昇しましたが、水面は一見穏やかでした。多数の舟がただ持ち上げられ、陸地深く運び込まれて家屋の被

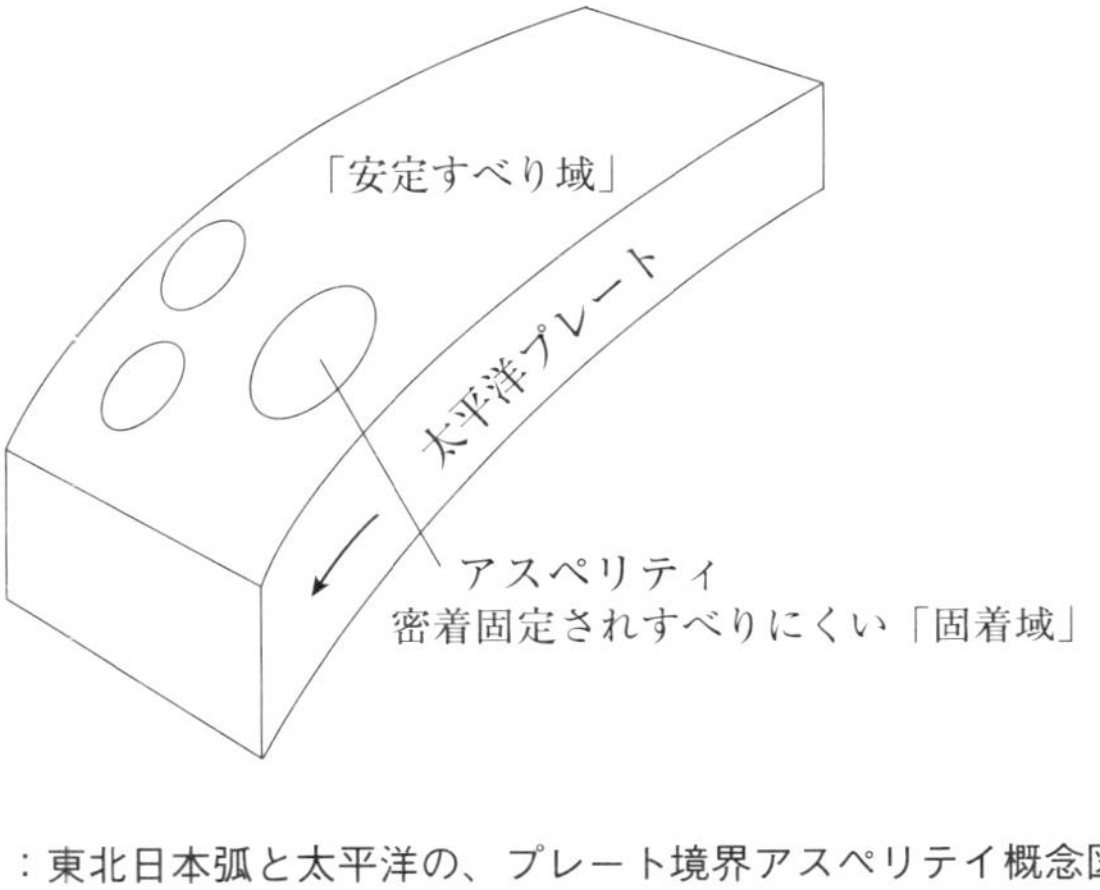


図１：東北日本弧と太平洋の、プレート境界アスペリテイ概念図

## (a) 東北日本弧

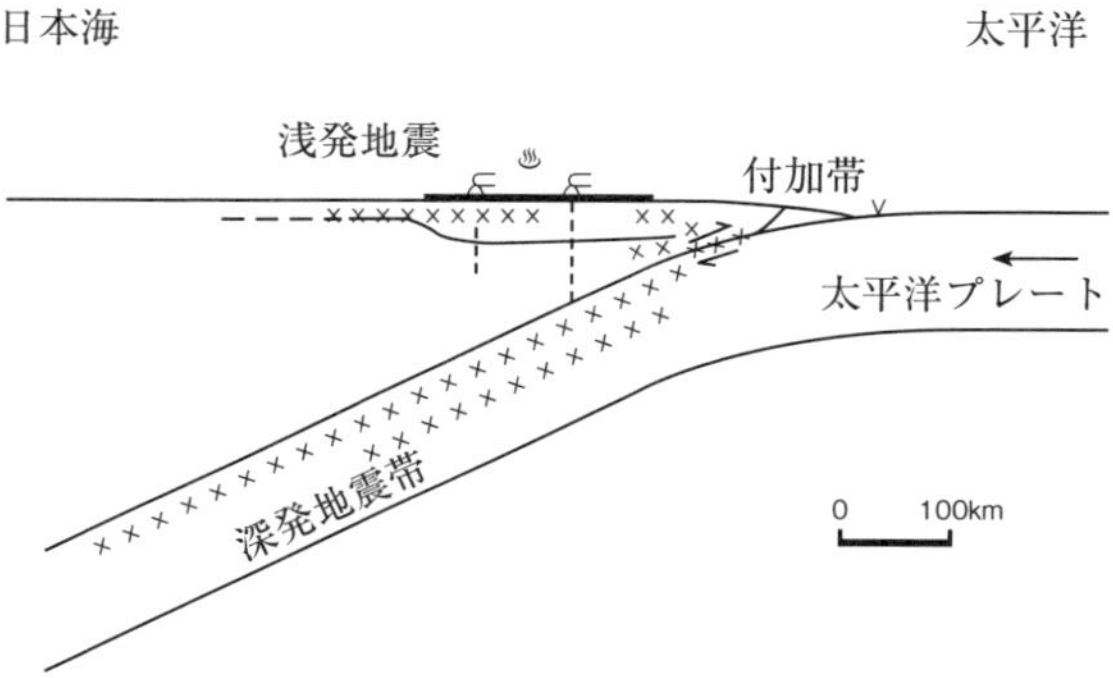


## (b) 西南日本弧

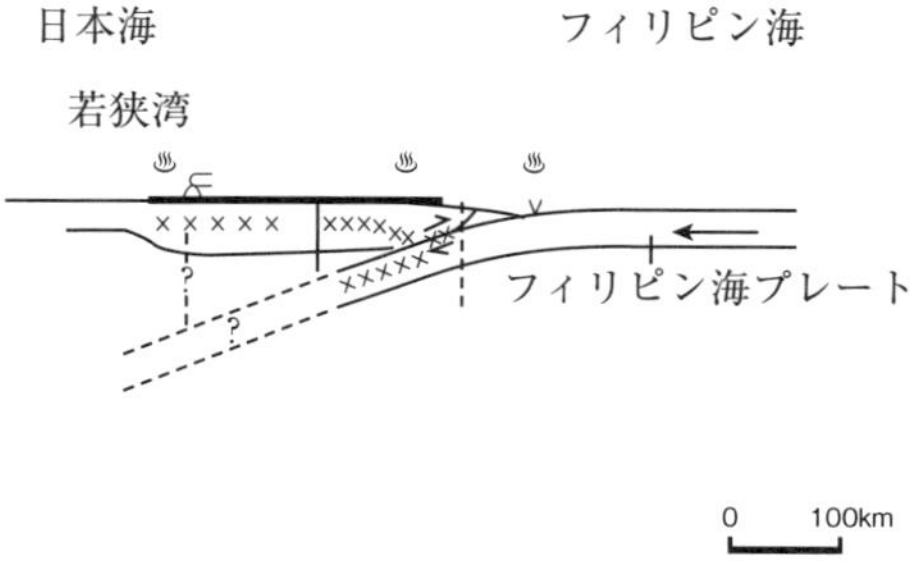


図２：日本列島弧――海溝の地殻・プレート断面。加筆。東北日本沿岸から日本海溝までの地質構造については図３を参照。若狭湾下で起きる地震は、内陸直下型地震である。

害をもたらしました。福島第一原発事故の場合ではどうだったのか、私はっきりした報告を知りません。前面に防潮堤が設けられていましたが、これは乗り越える津波のエネルギーを多少は減殺するとともに、波高を増大させたはずです。

津波の性状は津波毎に多様です。ただし、海底地形は、人間が変えない限り、時間がたっても大きく変わることはありませんから、３・11津波の性状が段波であったところでは、次の津波も段波であると想定しておかねばなりません。

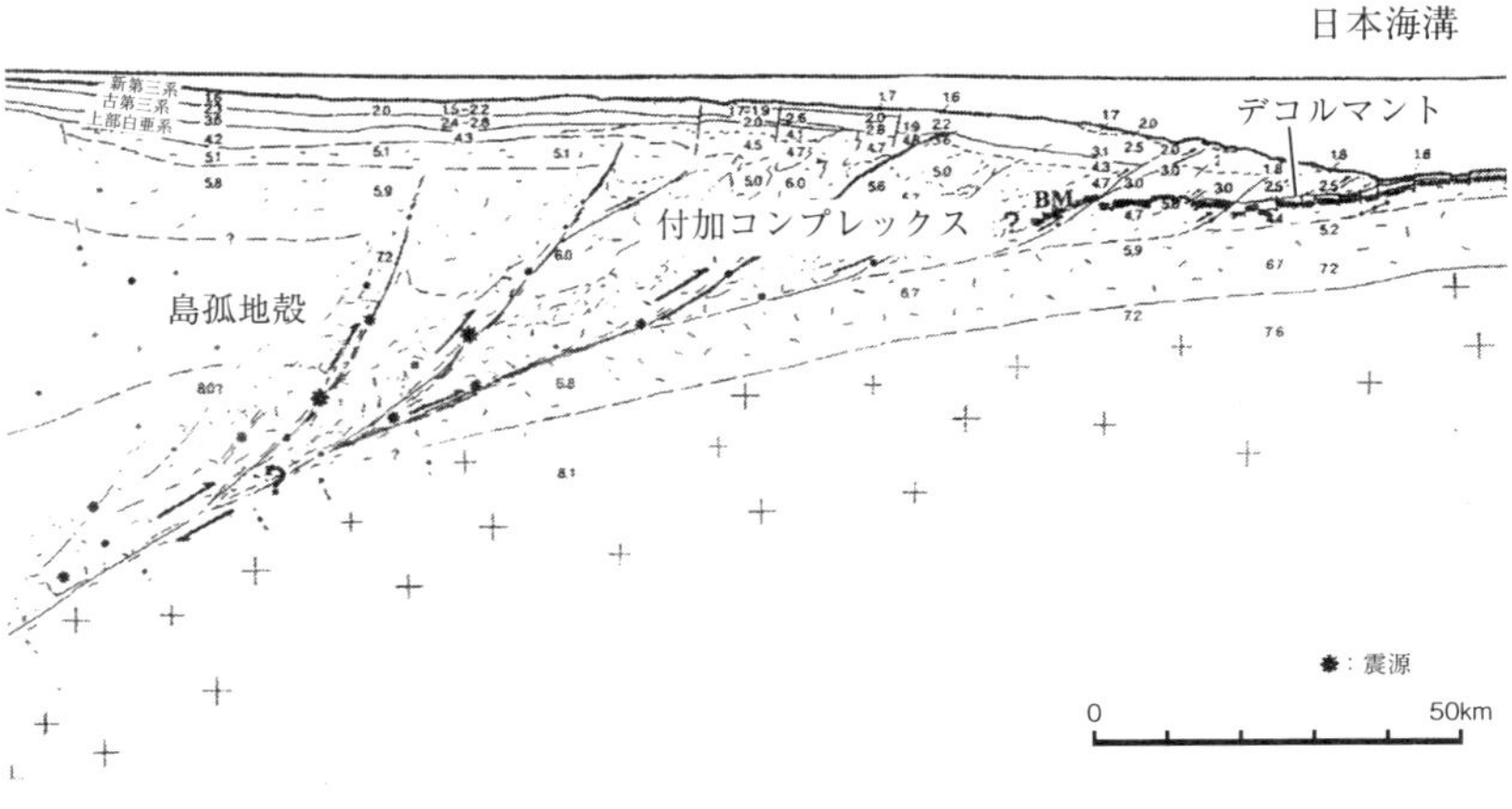


図３：東北日本宮古沖陸棚、陸棚――海溝斜面、日本海溝の地質断面図。付加コンプレックス、プレート力学境界逆断層群、デコルマントに注意。ＢＭは太平洋底から付加体に続く玄武岩層表面。疑問符の部分は今もよく分かっていない。

## 三　若狭湾沿岸原発群の地震・津波災害リスク
### ――再稼働など論外

まず、プレートテクトニクスとの関係を説明したいところですが、省略します。若狭湾で起こる地震が内陸直下型地震であることは、今ではかなり広く知られています。ここで肝心なのは、近畿地方北部の地盤（地殻）が、過去数10万年間の東西性の圧縮応力によってブロック化していて（図4）、そのブロックの相対運動に伴って地震が起こるのだということです[2)]。ブロックの境をなす断層は、どれも同じ応力場で生まれたものであり、そのいくつかが活断層であることが確かな以上、すべて活断層と見做さねばなりません。それは若狭湾沿岸一帯の断層系でも同様です（図5）。たとえば、大飯原発が位置する半島の西岸には、西南の上林川断層が延びているはずです。従来の地質図では、ここに断層が引かれていませんが、観測機器を積んだ調査船が、海岸に近づけなかったからに過ぎません。

これまでの原発の安全性に関する断層の活動性の検討は、この点を抑えずに、局部の地表やトレンチで見られる個別の断層（セグメント[用]）に注意を集中してきました。原子力規制委員会の調査も、多分多くの委員の意図に反して、そうさせられているようです。本質的なことを見ずに重箱の隅をつついているようなものです。その結果、それら個別の断

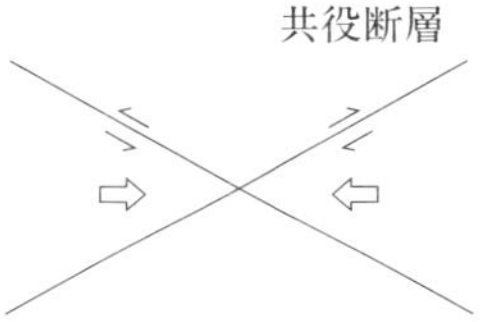


図 4a

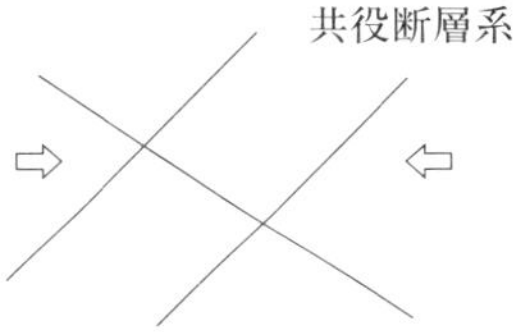


図 4c

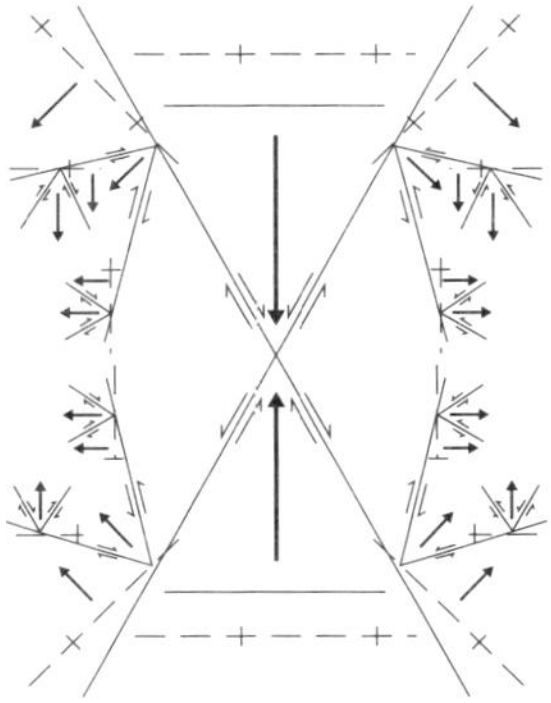

図 4b

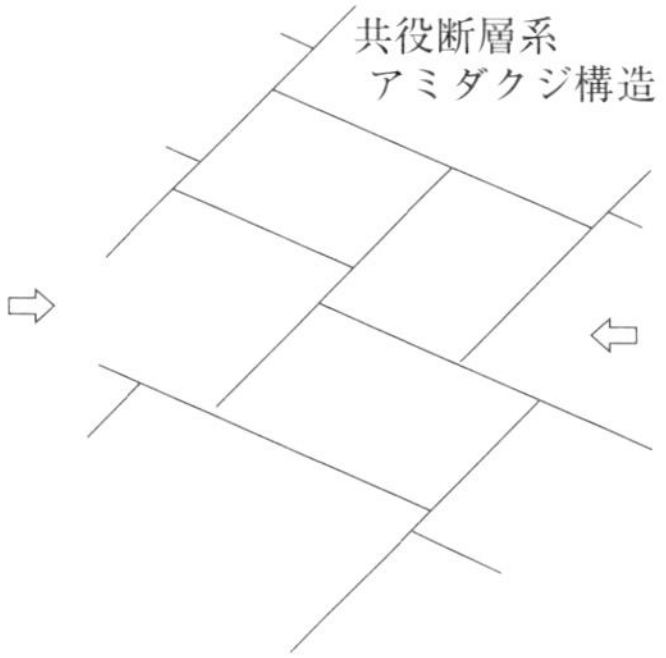


図 4d

図４：共役断層（系）の説明。
図４a：単純モデル。図４b：２次、３次の副断層が〝理想的〟に発達する場合（垣見、1978の図を簡略化）。実際の共役断層は、二つの方向の断層が図４dのように、互いに切ったり切られたりしている。

層の連動可能性をずばりと指摘できなかったり、原発群を襲いうる津波の（科学的なつもりの）想定に、基本的な勘違いが生じたりしています。たとえば、断層の連動についても、従来、縦方向に並ぶセグメントの連動だけが注意され、ブロックを囲む複数の辺の断層の連動が、何故か無視されてきました。

しかし、北丹後地震の際は、互いに共役な郷村断層と山田断層が一緒に活動したことは有名な事実です。１９９５六甲―淡路島地震に際しては、地表に現われたのは淡路島の野島断層だけでしたが、神戸の市街の地下の東西方向の断層も活動したらしいと言われています。新潟中部地震の断層活動はもっと複雑で、ブロック的構造運動だけでなく、立体的に、いわば複雑骨

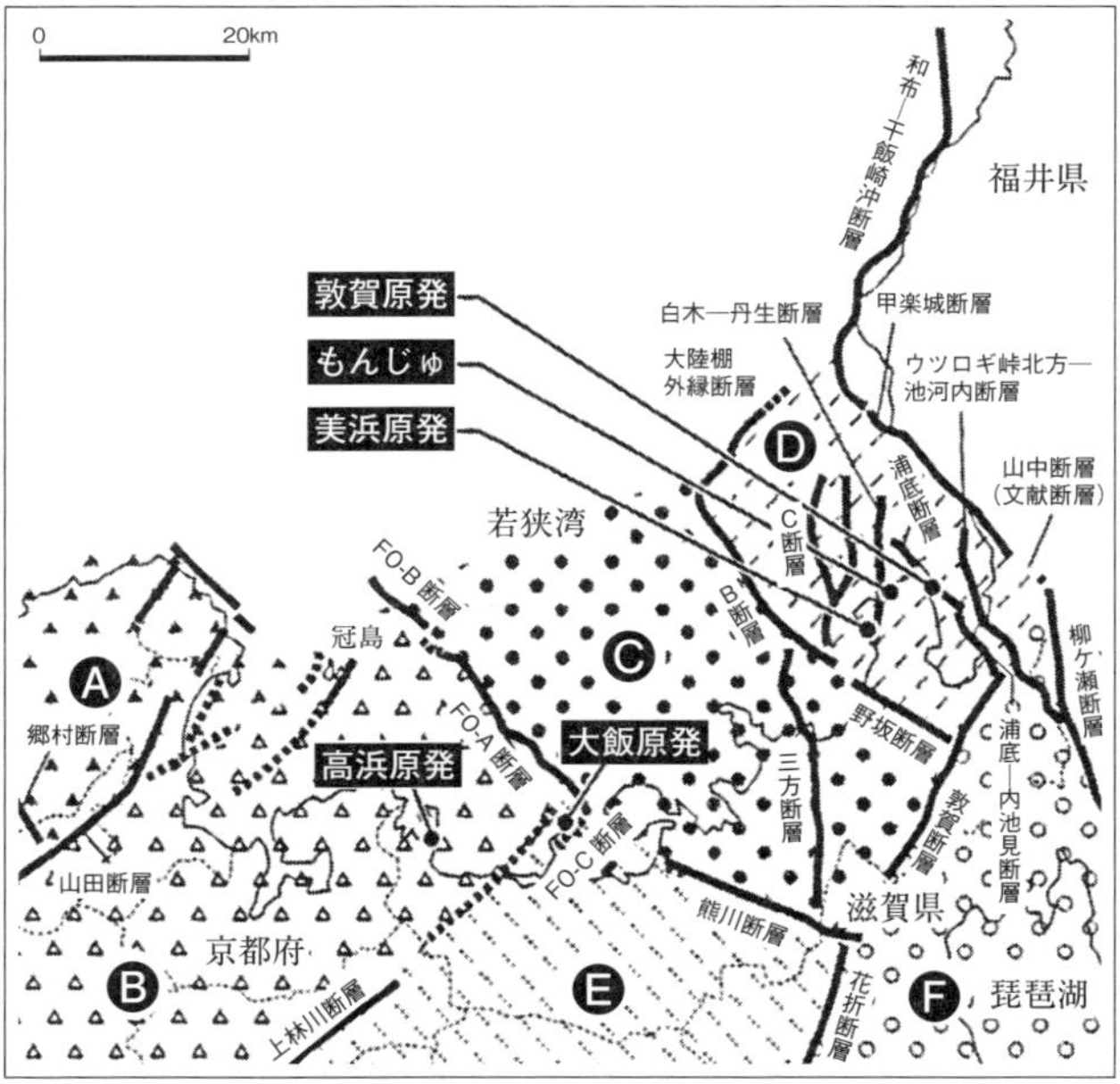


図５a：若狭湾とその周辺の地盤ブロック（A～F）と、それらの境の活断層。点線は想定されねばならないもの。原発の所在地を記入。より沖の断層については図５b参照。

折のような状態になったことが分かってきています[3]。ともかく、地質構造と構造運動の実態を把握せずに、あれこれと計算や議論をしても意味はありません。

原発事業者は、活断層の長さをなるべく短いことにしようとします。地震の規模が、断層の長さ（少し厳密には断層面の面積）に関係するとされているからです。しかし、断層の長さが決まれば発生する地震の規模が決められるわけではありません。この問題については、最近の内山成樹弁護士の著述に詳しく解説されています[4]。

地震の規模などだけでなく、若狭湾沿岸の津波想定、予測にも、前提として、まず以上のような広域の地質

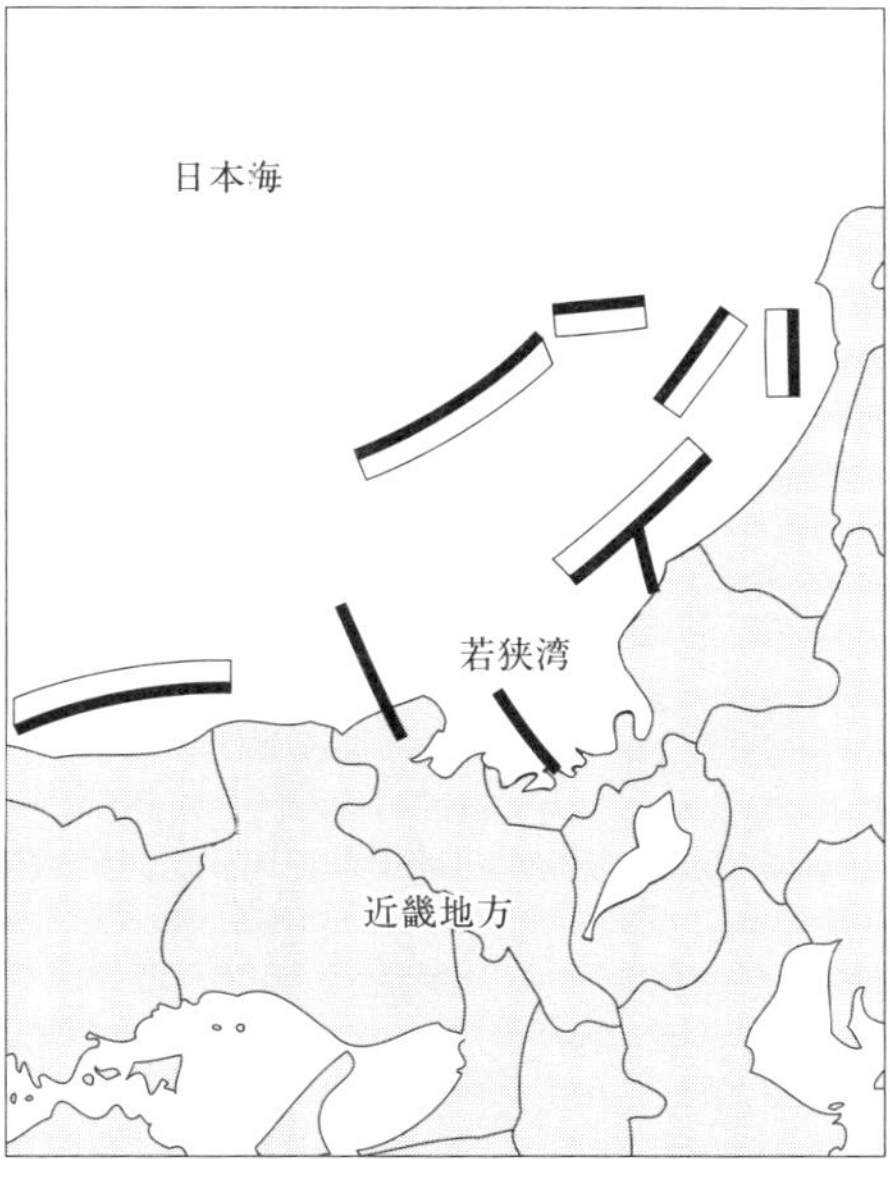


図５b：日本海近畿地方の沿岸と、沖で発生する津波を予測するために、「調査検討会」が検討した海底断層、および津波断層モデル（海底面に投影した矩形）。若狭湾内では２本だけ選定。検討会資料（2014より）。沖合の東北東—西南西などの方向の断層は、日本海の海盆と陸を限るもの。

構造と構造運動の理解がなければなりません。その上で湾内での津波発生機構を見ると、他地域での津波と全く違う特性があることに容易に気付くはずです。つまり、ブロック境界の垂直的な断層を境として、原発を載せる地盤自身や、その直近の地盤が上か下に動き（図6）、それによって海水が運動するわけです。3・11東北地方太平洋沖地震津波のよう

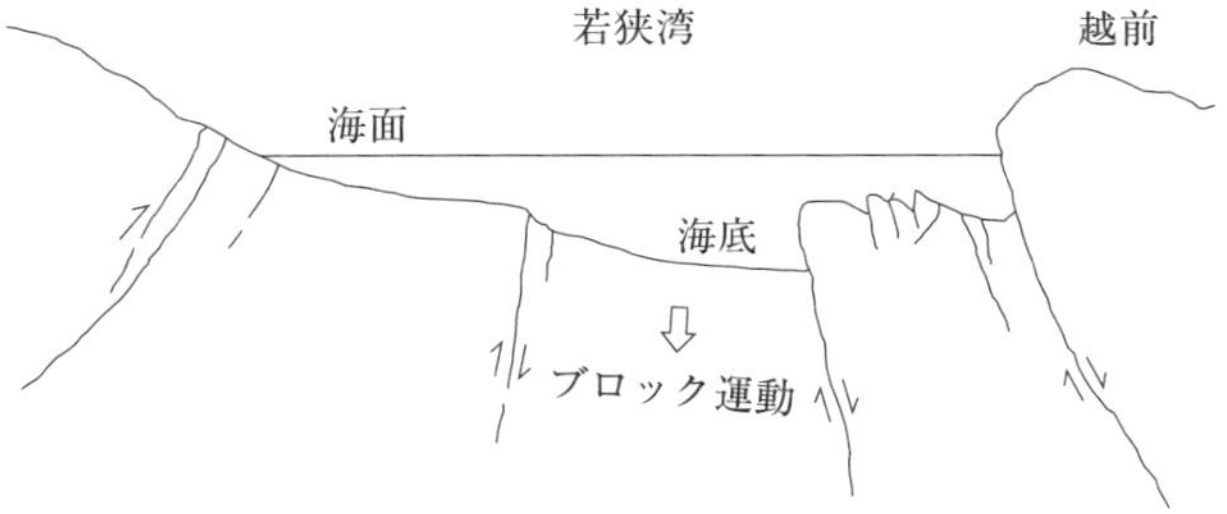


図6：若狭湾の東西断面と活断層。上下方向を拡大。

## 囲み記事

大飯原発構内の活断層調査に関して、規制委員会の委員たちが、トレンチ調査現場で、やれ活断層だ、いや地すべりだと議論しているところをテレビで見られた人も少なくないでしょう。そこで観察、調査された断層は、ブロックの境の主断層や、それから派生した枝断層ではなく、ずっと小さい2次、3次の副断層（図4b）です。この断層面のずれでは、ほとんど地震動は起こりません。しかしそれでも、またその面が断層面でなく地すべり面だとしても、それを跨いで送水管があれば、それが切れて大事故に繋がるおそれがあることは変わりません。

な、プレート境界帯の、より低角度や水平的な地盤運動による津波の場合とは全く異なります。若狭湾外からやってくる津波とも違います。しかも、若狭湾沿岸の地形がリアス式で複雑なので、水の動きは反射したり、屈折したり、重なったりして、場所によって非常に異なるものになります。局所的に異常に高い波がぶち当たってくる場合もありえます。若狭湾沿岸の津波襲来の伝承を見ると、一村だけが恐ろしい波に襲われて全滅したというような話がいくつもあります。「被害が局所的だから津波ではない」と考える人もあるようですが、若狭湾でおこる津波の特性を考えれば、被害の局所性は当然です。そのような伝承がいくつもあることは、統計学的センスでみれば、偶然では片付けられません。

なお、規制委員会の報告を見ると、津波の規模

**囲み記事**

若い礫層を切る活断層の認定には、堆積地質学的キャリアが必要です。単純な砂や泥の地層のずれなら素人にも分かりますが、礫層の元々の堆積状態からの乱れの認定は、必ずしも容易ではありません。断層の活動によって地表に崖ができ、それが再度の断層活動や豪雨の際に崩れれば、崖錐ができます。その層が後の断層で乱れているかどうかの判定は、年期をいれた研究者にとっても難物です。さらに、断層説、地すべり説のどちらも正解である場合もありえます。これは若狭湾沿岸に限らず、どこの活断層の調査についても泣き所です。しかし、そのことを自覚している〝専門家〟ばかりではないようです。

の想定に、断層の傾斜が使われています（図5b）。しかし、若狭湾の場合、関係するのはブロック運動に参加する海底の面積であって、断層の傾きは規模の違いにほとんど影響しません。これは単純な幾何学の話です。

要するに、若狭湾沿岸の原発群に関する地球科学的環境条件のこれまでの検討は盲点だらけです。とくに津波については、何が起こる可能性があるかさえも分かっていません。この状態では再稼働などナンセンスです。原発の存在自体が問題です。私は、起こりうる〝津波〟の再検討が、今、絶対に必要と考えます。原子力規制委員会を含む関係機関、行政や業者に、これを強く要求しなければなりません。

ところで、日本では、一般に防災問題について住民が検討を要求、要請しても、住民自身が、関係地域についてのある程度の調査をして問題点を具体的に示さないと、関係業者も行政も動こうとしないことが多いようです。その背景には、安全よりも利潤を重視するからだけでなく、この章の始めに記したような、盲点や無知があるようです。ところが、若狭湾沿岸での原発災害リスクについては、地殻変動による水の動き（〝津波〟）は複雑で、シュミレーションや模型実験をしようにも、設備や必要経費を持たない住民には困難です。自信を持って要求をするためには、まず、若狭湾内外の地殻変動の特徴と、〝津波〟想定の盲点の存在問題をしっかりと理解することが必要でしょう。同じことは、他の、たとえば伊方原発や六ヵ所村などの再稼働や原子力施設問題についても言えましょう。ちなみに、東京もここで言う〝関係地域〟です。

## 四　想定外を生む盲点——〝バベルの塔症候群〟

上に紹介した初期の敦賀原発の温排水の処理の件などは、科学的想定の問題外の事態で、普通の常識人にとっては、むしろ〝想像外〟でしょう。原発の安全性問題を考える時には、原発事業主体のこの実態を考慮に入れるべきです。

ところで、本来、想定というものは、工学的な何かをするのに必要な手順です。これをしないと、原子炉にせよ防潮堤にせよ設計できないからです。しかし、福島第一原発の巨大事故災害についての想定外という東京電力の説明には、言い分けとともに、原発の危険性を小さく見せようという意図が見え隠れします。これも、本来の工学技術的意味の想定外でありません。むしろ、この事態の想定は企業の経営や社会心理を含めた社会科学的問題でしょう[5]。

科学的な問題として、私がもっとも深刻と思うのは、上に述べたような、東北地方太平洋沖で起こる地震と津波を、世界一研究していた専門研究者による想定外問題の発生事情です。

原発の建設、管理には、現代科学・技術の粋が集められます。しかし、そのこと自体が、原発が危険である宿命的理由です。そもそも、原発に関するすべて問題に精通している専門家など、世界の何処にもいません。原子物理学者なら原発稼働の安全性が分かるかというと、とんでもありません。たとえば地震や津波については、原子物理学者は全くの素人です。とくに自然に関する地質学的知見が、近い専門の研究者にも理解困難で無視される傾向が強いことは、上に東北日本や若狭湾での地震や津波の例について述べたとおりです。科学・技術が発展するほど、その専門分化が進み、よほど注意しても、〝専門馬鹿〟に陥り、互いに言葉が通じない傾向まで現われています。中東神話の〝バベルの塔〟にも例えられましょう。

文明の発展とともに科学技術が発達し、現今では情報手段が爆発的に拡大しています。しかし、その情報の海で、人々がうまく賢く泳いで行けているでしょうか。そもそも神ならぬ人間には、物事のすべての側面で盲点のない認識をすることはできません。これは、事故が起きた場合の重大さからも、とくに原発問題を考えるに際しては、決して忘れてはならないことです。しかし、同様のことは、現代の災害一般について言えます。

## 五　まとめ

現代の災害は、いわば〝文明災害〟です。現代の災害は、その裏には、とくに日本では、生きた自然についての無関心の広がりがあります。とくに、関係地域についての地学的知識がもっと普及されねばならないと思います。この点で、地学教育の壊滅的状態はなんとかされねばなりません。

もう一つ指摘したいことがあります。原発の安全性（危険性）について、さまざまな高度の議論がなされてきました。しかし、実は本当の危険性は、もっと初歩的な、誰でも分かるような盲点の存在にあります。上に記した敦賀原発の温排水放出のケースなどはその極端な例です。このような盲点に気付くには、最新の膨大な知識を記憶、理解することは必ずしも必要ではありません。むしろ、〝いろは〟に戻って観ることが大事だと言えます。

もっと社会的な問題でも同じようなことがあります。たとえば、電力会社は、住民の原発設置反対を切り崩するために、夜な夜な密かに工作員を地域に潜り込ませて、個別に利益誘導をすることが珍しくはありません。このような体質が、業界一般、あるいはいわゆる〝原子力ムラ〟に広くある限り、彼らが、地元の自然と社会の実態を良く知る住民とともに問題の発見に努力しそれへ対処することなど、望むべくもないことは明らかです。これは難しい科学・技術的な想定外問題ではありません。しかし、とくに注意し、対処せねばならない基本的問題でしょう。利潤だけを追求する業界などの欺瞞や、専門家の想定の盲点を見抜くポイントは、視点です。その設定の基礎には、上記の地域の基礎的地学と民主主義が必要だと思います。

終わりに、報告集からの図の引用を許された、「災害被災者支援と災害対策改善を求める広島県連絡会」に感謝します。

【注、および参考書、参考文献】

1）津波は、火山活動、地すべり、大隕石の落下などによっても起こります。発生原因が地殻変動による海底地盤の急な動きである場合を地震津波と呼んでいます。何かの原因で、海面が急に高くなり、海水が陸に押し寄せてくることを、日本で昔から津波と言ってきました。それには低気圧の通過ほか気象が関係する水面上昇も含まれていたかも知れませんが、これは今では高潮と呼んで区別しています。ただし、防災上は、両方による〝ダブルパンチ〟という、最悪事態の想定が必要です。

2）藤田和夫『日本の山地形成論　地質学と地形学の間』蒼樹書房、４６６頁、１９８３年。

3）高浜信行編著『新潟中越地震、新潟の大地　災害と生活』新潟日報事業社、２５５頁、２００６年。

4）内山成樹『原発　地震動想定の問題点』七ツ森書店、99頁、２０１５年。

5）災害被災者支援と災害対策改善を求める広島件連絡会『現代の災害と防災・減災』１０５頁、２０１５年1月、原子力規制委員会での〝基準値クリア〟論議――2種類の〝想定〟参照。

# 第5章

# 東日本大震災からの復興のための防災対策について

上野　鉄男

## 一　はじめに

社会が複雑に発展するなかで、近年「防災」に関しても複雑な様相が現れてきました。その典型例が全国の各地で建設されている「ムダなダム」です。ダムよりもよい治水方法があるにもかかわらず、ダム建設を強引に進めてきた河川が全国の各地にあります。防災対策を口実にして、ダムを造ることそのものが目的になっているのです。この問題については、国土問題研究会の機関誌「国土問題64号」（２００３年３月発行、14～30頁）において「治水事業をめぐる諸問題と今後の展望」として筆者の考えを述べました。

ダム建設の問題と同様の状況が東日本大震災からの復興のための防災対策に関しても見られます。被災地の多くの地区では、巨大な防潮堤を造ることが目的化しています。東日本大震災に関して、筆者は津付ダム計画の問題で繋がりがあった陸前高田市を中心として4度被災地に赴き、陸前高田市の被害状況と復興事業の実態を把握するとともに、入手した資料を用いて震災からの復興計画について検討し、「国土問題74号」（２０１３年１月発行）と「国土問題76号」（２０１４年６月発行、11～21頁）において検討結果を報告しました。

本稿では、右記の現地調査とこれまでに入手した関係資料に基づいて、被災地の海岸で進められている高すぎる防潮堤の建設をめぐる議論を中心に、津波に対する防災対策の実態と問題解決の方向について述べます。

## 二　高すぎる防潮堤の建設と住民合意

東日本大震災からの復興のための主要な防災対策は防潮堤の建設、高台への移転、平地の嵩上げです。海岸に河川が流入する場所では河口に水門も必要です。これらのうち、防潮堤の建設をめぐって、いくつかの地域で行政と被災住民との間で問題が生じています。防潮堤は約1兆円をかけて岩手県、宮城県、福島県の合計約６００箇所の海岸に総延長約４００キロメートルにわたって建設される計画です。被災地の多くの場所で、住民生活の利便に反し、自然破壊を惹き起す防潮堤建設が、国の補助金を目当てにして、進められてきました。

しかし、巨大な防潮堤の建設に不安や疑問を持つ住民も多く、国交省によると、２０１５年6月時点で3県で計画されている防潮堤５９４箇所のうちの3割、約１８０箇所で住民の声を受けて高さや位置の見直しがおこなわれました。約５％の28箇所では地元との合意ができていません。

## A　防潮堤建設計画について

防潮堤の配置や高さはどのようにして決定されたのでしょうか。

２０１１年６月26日に中央防災会議に設置された「東北地方太平洋沖地震を教訓とした地震・津波対策に関する調査委員会」は今後の津波防災に対して、今回のような数百年に一度発生するような巨大な津波については避難や高台移転を考慮した総合的な対策で対応し、数十年から百数十年に一度のより頻度の高い津波については防潮堤などによる防災対策を採るという指針を出しました。

これを受けて、２０１１年７月８日に農林水産省と国土交通省の４課長は各地方の海岸管理部局に対して「設計津波の水位の設定方法等について」を通知しました。宮城県と岩手県は、この基準に基づいて、数十年から百数十年に一度の頻度で発生する津波を設計対象津波群として設定し、設計対象津波群のうち水位が最大となる津波の高さを採用して、これに津波の「せり上がり」の高さと、一律に「余裕高１メートル」を加えた防潮堤の高さを地元に提案しました。

宮城県では、防潮堤は２０１１年９月に宮城県の復興計画として最初に示され、村井知事は「私は宮城県民の命を１００年後も２００年後も守らなければならない立場。現在造ろうとしている防潮堤の高さを、妥協の産物で、科学的な根拠もないのに下げるということはやるべきではない。やってはならない。」と主張し、県が作成した防潮堤の計画の変更に応じない姿勢を示しました。２０１２年7月から説明会が始まりましたが、内容は当初のままで、説明会では少数の慎重派を押し切る形で議事が進行されました。

一方岩手県では、２０１１年10月に開催された「岩手県東日本大震災津波復興委員会第6回総合企画専門委員会」の議事録によると、設定された各地域の防潮堤高さは絶対的なものではなく、「一応考え方を示した」もの、「最大の高さはこのぐらいというのを示した」ものであり、今後それぞれの地域に合う防潮堤とその背後の災害に強いまちづくりを、議論を重ねて練り上げてゆくことができるようになっていました。

### B　防潮堤建設をめぐる住民と行政のやりとり

各地区において防潮堤の建設をめぐって、住民と行政のさまざまなやりとりがありました。筆者が収集した情報による限りでは、住民と行政のやりとりは宮城県の気仙沼市に集中しており、気仙沼市以外では石巻市と塩竈市でも計画変更の要望が出されました。一方、岩手県で防潮堤の計画変更を要請したのは大槌町のみです。

気仙沼市では地域住民が２０１２年8月に「防潮堤を勉強する会」を作り、「防潮堤に頼らない地域づくり」の議論を進め、「巨大防潮堤建設中止」の要望書を市に出した地区もあります。会では県の担当者などを招き、説明にじっくりと耳を傾けることから始めました。安易な賛成・反対の議論はやめましょうと呼びかけ、住民どうしの議論も徹底的におこない、「海が見える暮らしが何よりも重要だ」ということで一致しました。このような活動が宮城県を動かし、2013年9月以後県の対応が柔軟になりました。

気仙沼市の朝日町地区では、北桟橋から朝日町付近までの約1・3キロメートルを海抜5メートルの防潮堤で整備する計画です。内湾の計画では住民が合意しましたが、魚市場周辺の防潮堤は景観や利便性に影響が大きく、水産関係者から異論が出て、2015年6月の県の説明会では住民合意が得られませんでした。その直後に「防潮堤を勉強する会」は可動式のフラップゲートの採用を市に求め、市長は「2メートル以上のフラップゲートを県に求めたい」と同調しました。

気仙沼市の小泉地区では、津波で海岸線が200メートルも後退し、松原や砂浜が消失しました。この場所に220億円をかけて、海抜14・7メートル、底辺90メートルの巨大防潮堤を建設する案が2012年7月に宮城県から示されました。これに対して、住民は「小泉海岸及び津谷川の災害復旧事業を学び合う会」を作り、防潮堤を建設しても住宅は高台に移転するため守るものが国道や農地しかないと指摘し、嵩上げされる三陸自動車道や国道45号などを防潮堤代わりに使用する案を提案しましたが、他方で住民組織の振興会長らが県の計画に賛意を示し、地元住民が二分される事態になりました。このような状況の下で、県は２０１３年11月の住民説明会で少数の慎重派を押し切る形で議事を進行し、「住民合意が得られた」と結論づけました。その後、防潮堤の工事が着工されましたが、住民の間では不満や見直し論がくすぶっています。

気仙沼市の大谷地区の海岸は宮城県有数の海水浴場となっていますが、ここに海抜９・８メートル、底辺45メートルの防潮堤を建設する計画です。これに対して、巨大防潮堤計画見直しの要請書と地区の人口の半数近い１３２４名の署名が２０１２年11月に気仙沼市長に提出されました。要請内容は、防潮堤を陸側に後退させる「セットバック案」です。これにより、海水浴場の砂浜も守られ、海岸生態系の保全が可能となり、標高が高い場所に建設することになるので、防潮堤の規模を小さくすることもできます。しかし、海岸法で防潮堤を建設できる位置は、原則的に海岸線から陸側50メートルと海側50メートルの間の海岸保全区域だけです。これ以上陸側に移動させるには県知事の指定などの手続きが必要です。市はこの要請を受け、３通りのセットバック案を作成しました。さらに２０１５年８月には、海岸線から数十メートルのところにある国道45号と防潮堤を兼ねる「兼用堤」の建設を求める要望書が「大谷地区振興会連絡協議会」と「大谷里海づくり検討委員会」から市長に提出され、市長はこの要請に賛同しました。

気仙沼市唐桑町鮪立《しびたち》地区では、海抜9・9メートルの防潮堤の計画に対して、地元住民は高すぎると反発し、2012年の夏から「鮪立まちづくり委員会」を作って住民アンケートをとったり、代替案を模索したりしてきました。住民は2014年9月に県が見直しをした高さ8・1メートル案に合意しましたが、配置計画では合意に至らず、意見交換を続けた結果、県は防潮堤を陸側にセットバックし、市道との兼用堤とするという妥協案を提案しました。2015年8月の説明会で、住民側が県の妥協案に合意しました。

気仙沼市唐桑町西舞根《もうね》地区では、計画が固まる前の段階で、集落に残る全戸（34戸）の意見をとりまとめて、防潮堤建設の中止を求める要望書を市長に提出し、防潮堤計画を撤回させました。

気仙沼市大島の小田が浜地区では、海抜11・8メートルの防潮堤を建設する計画でした。小田が浜は環境省の「快水浴場百選」に選ばれており、観光業者から「小田が浜は大島の貴重な観光資源」「景観が損なわれる」などの反発が出たため、2014年2月に県は計画を見直し、3・5メートルの原形復旧にとどめる方針を示しました。

石巻市の尾崎地区では海抜8・4メートルの防潮堤を建設する計画でしたが、地元住民との話し合いの結果、震災前の2・6メートルに戻す方向になりました。故郷の美しい景観はかけがえのない財産、次世代に残すのが責務という考え方が浸透した結果です。

塩竈市浦戸諸島の野々島では、住民は「海との対話が島の暮らしの基本、高い防潮堤で海が見えなくなってはそれができなくなる。」と主張して、宮城県が計画する防潮堤の高さを海抜３・３メートルから２・３メートルに引き下げるよう要望しています。

岩手県大槌町赤浜地区では、海抜14・５メートル、底辺78メートルの巨大防潮堤を建設する計画でしたが、「赤浜の復興を考える会」は防潮堤を従来の６・４メートルにとどめ、住宅を高台に移転することを要望しました。これを受けて、大槌町は「赤浜地区　地区計画の手引き」を２０１５年８月に作成しましたが、そこには「防潮堤は旧来の高さに留め、……」と明記されており、従来の６・４メートルの防潮堤を修復して整備することになりました。

## Ｃ　防潮堤建設計画の問題点

以上の地域住民の要望や計画に対する意見から明らかになった防潮堤建設計画の問題点を整理すると、以下のようになります。

第１は、かけがえのない財産である美しい海が見える暮らしを奪うこと。第２は、豊かな自然が破壊され、生態系の破壊を招く恐れがあり、産業としての漁業にも差し支えること。第３は、出港岸壁や海水浴場など、観光資源としての海岸が失われること。第４は、高台移転で守るものがなくなるにもかかわらず、巨大な防潮堤を造ることは予算のムダ使いになること。第5は、巨大な防潮堤ができると、危険意識が薄れ、海が見えなくなって避難が遅れること。第6は、防潮堤を陸側に後退させるセットバック案や海岸近くの道路を嵩上げして兼用堤とすることなどの代替案が認められ難いこと。第7は、住民の合意が十分に得られていない状況で巨大防潮堤の建設が推し進められていること。第8は、結果として人口流出をもたらす恐れがあること。

行政関係者は、多くの問題があるなかで、住民合意が不十分なまま、なぜこんなにも急いで巨大防潮堤を建設しようとしているのでしょうか。

各県は復興予算によって防潮堤を整備したいという思いがあり、2015年度末までの集中復興期間内に国の予算を使う必要があるため、同年度末までの整備を目指しました。復旧関連事業なら予算がつきやすく、新たなまちづくりの構想に基づく包括的な予算の獲得には手間がかかるという予算執行上の制約があるからです。

このような状況の下で、各地区では行政から「防潮堤の高さが決まらなければ、今後の津波による浸水区域を確定できず、都市計画の策定が遅れる」という説明がなされました。これに関して、気仙沼市の「防潮堤を勉強する会」の発起人の菅原さんは「防潮堤計画には背後地の利用計画がセットにされていて、復興を進めようとしたらのまざるを得ないのです。私たち住民は復興の予算とスピードを人質に取られているようなもの」と語っています。このような状況が、巨大防潮堤の建設が急ピッチで進む背景にありました。

その後、２０１３年12月の閣議決定で、２０１４年度予算による災害復旧事業や復興交付金については、環境や景観に配慮するために計画を変更して事業が長引いても予算が使えるようにされました。この閣議決定以後、宮城県知事は防潮堤計画の見直しにいっそう柔軟な対応を示すようになり、いくつかの地区で計画変更がなされました。

## 三　陸前高田市の防災対策

陸前高田市では、東北地方太平洋沖地震に伴う巨大津波によって甚大な被害が発生しました。津波の高さは気仙川河口部で13・８メートルに達し、人的被害は死亡１５９７人、行方不明が２１６人で、家屋倒壊数は３３４１棟にもなりました。

ここでは、２０１３年10月におこなった調査と収集した資料に基づいて、陸前高田市の復興のための防災対策について述べることとします。

## A　防潮堤と水門

陸前高田市の高田松原周辺の被災状況は、岩手県の「高田地区海岸災害復旧事業　事業概要」（以下においては「事業概要」と略称する）によると、写真1のようです。高田松原の海岸には、写真に示す位置に延長約2キロメートルにわたって海抜3・0メートルの第1線堤と海抜5・5メートルの第2線堤がありましたが、これらは一部を除いて全面的に破壊されました。

岩手県は、災害復旧事業として、海抜3・0メートルの第1線堤と、そこから約100メートル陸側に離れた位置に海抜12・5メートル、底辺56メートルの巨大な第2線堤を建設する計画を提案しました。ここで、第2線堤の高さは、広田湾の対象津波群のうち最大の津波高さ9メートルに、津波の「せり上がり」による水位

写真1　被災後の高田松原周辺の航空写真　「事業概要」（岩手県）より

上昇２・５メートルと余裕高１・０メートルを加えて、12・５メートルとされました。これを受けて、陸前高田市では市民への説明会を開くこともせずに、２０１１年12月20日に市議会で決議をおこない、県の提案に沿う12・５メートルの防潮堤の建設計画を含む「陸前高田市震災復興計画」を２０１１年12月付で早々と公表し、復興事業を進めてきました。

高田松原の防潮堤の復旧工事は２０１２年９月に始まり、２０１５年度中の完成を目指して急ピッチで進められています。防潮堤の施工者は鹿島建設・佐武建設・明和土木・中澤組などの特定共同企業体で、概算工事費は約２３０億円です。

これに合わせて気仙川の河口に水門が建設されます。水門の幅は２１１メートルで、水門を締め切った時の水門の天端の標高が12・５メートルになり、上部の操作室を含めた高さは海抜21・５メートルという巨大な水門になります。施工者は安藤ハザマ・戸田建設・豊島建設などで、工期は２０１３年３月から２０１７年２月までとされています。

防潮堤建設計画について、被災した市民の間では海の見える暮らしを望む声や、巨大防潮堤に頼る暮らしは嫌だという声がかなりありましたが、行政と市民の間で十分に議論がなされず、合意形成が不十分なままで計画が決定されてしまったことは問題です。

## B　高台への移転

高台への移転には二つの方法があります。一つ目の防災集団移転促進事業は居住に適当でないと認められる区域の住居を高台に集団移転する事業です。二つ目は、居住に適当でないと認められる区域が都市計画区域内にある場合には、土地区画整理事業により高台へ移転することになります。

防災集団移転促進事業では、市は２０１２年から高台移転などの住宅再建意向確認調査を実施し、行政区ごとに個別相談会を開催しました。また、五つの地区ごとに結成された集団移転協議会で移転先などについて意見交換が重ねられ、移転先や移転意向がまとまった地区ごとに、防災集団移転促進事業計画が作成されました。

２０１３年10月の調査時点では、事業期間を２０１２年度から２０１５年度までとして、31箇所の高台で合計４４７戸分の事業計画ができ、その内の14箇所で宅地造

表１　各地区の防災集団移転促進事業計画（「復興ニュース　陸前高田」より）

| | 米崎地区 | 小友地区 | 長部地区 | 高田・今泉・矢作・竹駒地区 | 広田地区 | 全地区 |
|---|---|---|---|---|---|---|
| 移転促進区域（ha） | 26.5 | 13.4 | 14.6 | 59.0 | 29.0 | 142.5 |
| 移転対象戸数（戸） | 307 | 213 | 228 | 543 | 356 | 1647 |
| 移転戸数（戸） | 133 | 56 | 113 | 118 | 136 | 556 |
| 移転戸数割合（%） | 43.3 | 26.3 | 49.6 | 21.7 | 38.2 | 33.8 |
| 事業費（百万円） | 7,786 | 2,287 | 3,354 | 11,221 | 5,216 | 29,864 |
| 一戸当たり事業費（百万円） | 58.5 | 40.8 | 29.7 | 95.1 | 38.4 | 53.7 |

成工事がおこなわれていました。「復興ニュース　陸前高田」（第3号、第6号、第7号）に掲載された当初計画を整理して表1に示します。事業費は約２９９億円、移転戸数は５５６戸、移転対象戸数に対する移転戸数の割合が33・８％で、一戸当たりの事業費の平均が約５４００万円と高額であることが注目されます。

市の担当者の話は次のようです。防災集団移転促進事業は先に希望者を決めて、計画を作ってから宅地を造成します。希望者は土地を借りて家を建て、経済的に余裕ができたら、土地を購入します。元住んでいた土地の買い取りを同時に進めていますが、元の土地は震災前の価格の2割減程度で評価されています。造成地の一戸当たりの広さは１００坪程度で、造成地はすべて切り土で造っています。切り取った土砂は平地の嵩上げに使います。

都市計画区域内における土地区画整理により高台へ移転する事業では、公益施設と住宅約４３０戸の利用を目的として、高田地区で約５・９ヘクタール、今泉地区で約22ヘクタールの高台の造成工事がおこなわれています。事業費は約２５１億円で、工事期間は２０１３年3月から２０１５年5月までです。高田地区の工事受注者は清水・西松・青木あすなろ・オリエンタルコンサルタンツ・国際航業ＪＶなどのゼネコンです。

高台の宅地造成について、市民は次のように話しています。国の資金で造った高台の土地は市の所有になり、借地料は10年間は固定資産税と同額で、その後は借地料が改定されます。今泉の高台は標高40メートルまで切り土して平らにする工事をしています。工事で出た土は気仙川をベルトコンベアーで渡して、高田町の嵩上げに使います。

標高40メートルまで切り土して平らにするという工事や、造成地はすべて切り土で造るという工事方法の採用が、一戸当たり事業費が大きくなった原因であると考えられます。

### C　平地の嵩上げ

高田地区の平地の嵩上げ工事の計画面積は合計91ヘクタールで、2013年10月の調査時点では高田高校跡地と高田市街地の北西部の一角で工事がおこなわれていただけです。市民の話では、「嵩上げ高さは当初の計画ではもっと低いものでしたが、高台の造成工事で残土が多く出たので、標高12メートルという高いものになった」ということです。「高田地区・今泉地区　被災市街地復興　土地区画整理事業等　事業計画（案）の説明会」資料（平成25年11月）によると、元の地盤高さが約3メートルの平地に6〜9メートルの盛土をして、海抜9〜12メートルの嵩上げ地を造る計画です。このような高い盛土が大地震時に崩壊したり、不同沈下を生じたりして、住宅やその他の建築物に被害が出ることが懸念されます。平地の嵩上げ事業が成行きにまかせておこなわれており、防潮堤建設も含めた防災対策全体が総合的な観点から計画されていないという問題があります。高田市街地北西部の嵩上げ工事の受注者は清水・西松・青木あすなろ・オリエンタルコンサルタンツ・国際航業などのゼネコンです。

高田市街地北西部の工事現場を写真２に示します。写真の左の方の盛土のなかほどに人が小さく写っていますが、この状況から盛土の高さが異常なものであることがわかります。

### D　陸前高田市の防災対策の問題

市民の間では巨大防潮堤に対して意見があるにもかかわらず、行政と市民の間で十分に議論がなされず、合意形成が不十分なままで計画が決定されてしまったことが問題です。

高台の宅地造成に関して、市の担当者は「造成地は、すべて切り土で造っています。切り取った土砂は平地の嵩上げに使います。」と

写真２　高田市街地北西部の嵩上げ工事現場

説明しています。また、市民の話では「今泉の高台は標高40メートルまで切り土して平らにする工事をしています。」ということです。このため、高台の宅地造成では土工量や土砂の運搬量が多くなり、一戸当たりの事業費が約５４００万円にもなったのです。工事の方法と事業費の使い方に問題があると言えます。

住宅を高台に移転させ、平地を海抜９～12メートルまで嵩上げすると、嵩上げ地は防災計画の対象津波である９・０メートル以上になるので、高さ12・５メートルの巨大な防潮堤と水門を建設する必要はありません。このように、防災対策全体が総合的な観点から十分に検討されず、全体として統一のとれない事業が進められているという問題があります。

工事の施工については、事業費が大きい防潮堤、水門、高台の宅地造成、平地の嵩上げは工事受注者がゼネコンになっており、事業費が小さい漁港と農地の災害復旧事業は地元の業者が受注しています。不合理でムダな工事をゼネコンが施工しています。

## 四　防災対策の抜本的見直しを

東日本大震災の復興に関して、国は予算だけを確保して、従来の制度の下で復興を進めてきました。19兆円もの莫大な予算が投じられましたが、被災者に十分な支援の手が届かない一方で、巨大な防潮堤の建設が各地で進められてきました。その後、事業規模は第2次安倍政権の「復興をさらに加速させる」方針を受けて25兆円へと拡大しました。戦後になってから経験したこともない今回のような大災害から誰もが納得できる真の復興を成し遂げるためには、防災対策の抜本的な見直しが必要です。ここでは、東日本大震災の復興事業における反省から、防災対策に関する改善の方向について議論しますが、それは被災地だけにとどまらず、予想される南海、東南海巨大地震に対する防災対策などにも活かされることを念頭に置いています。

### A　防潮堤では命は守れない

津波対策を考える上では、守るべきものが何か、守るべき対象に応じてどのような対策を取りうるか、それらの間の優先順位はどうあるべきかを整理しておくことが重要です。まず指摘しておきたいことは、巨大な防潮堤を造っても、それを越える津波が発生すると、防潮堤では命を守れないということです。命を守るのは避難や高台移転です。防潮堤が守るものは住宅や事業所、公共建造物などの財産です。

宮城県知事はこのことを誤解しています。それは、先述の「私は宮城県民の命を100年後も200年後も守らなければならない立場。現在造ろうとしている防潮堤の高さを、妥協の産物で、科学的な根拠もないのに下げるということはやるべきではない。」という主張に表れています。このような誤解をもとにして、県が作った防潮堤計画を一方的に住民に押し付けようとしたのです。命を守るものではない防潮堤は、一定の基準の下で住民の意向に沿って柔軟に計画を決めることができるはずです。

### B　防潮堤の建設を急ぐのは間違いだ。総合的防災対策こそ必要

各県の防潮堤建設計画は、初めから防潮堤ありきで、場所や位置についてもほぼ決定した状態で公開されました。また、予算上の制約などが背景にあり、各地区では行政から「防潮堤の高さが決まらなければ、今後の津波による浸水区域を確定できず、都市計画の策定が遅れる」という説明がなされましたが、これは間違いです。命を守るものではない防潮堤の建設を急ぐ必要はありません。命を守るためには、避難路と避難場所の整備こそ先におこなう必要があり、避難路の整備に国の予算が使えないことなどは、改善が必要です。

陸前高田市の防災事業においては、防潮堤の建設、住宅の高台移転、平地の嵩上げなどの防災対策が個々ばらばらに実施されているという問題があります。まちづくりと防災対策は復興計画全体のなかで総合的に考える必要があります。日常の生活を大切にし、大きな津波が襲来した場合でも、それぞれの地域の地形と居住の条件に合わせて、被害を最小

限に抑えることができるまちづくりをまず考え、それに適合する防潮堤の規模と配置を総合的な観点から検討するべきです。

### Ｃ　住民の意向の反映が重要

防潮堤建設をめぐる住民と行政のやりとりでは、地域にできた「防潮堤を勉強する会」などの住民組織が防潮堤計画を改善する上で重要な役割を果たしたことがわかりました。岩手県では防潮堤に関する計画変更の要望などはほとんど顕在化しませんでしたが、陸前高田市の防災対策では総合的に見ると不要な防潮堤や水門が建設されることになりました。住民こそが３６５日そこで暮らし、現地の状況を最もよく知っており、防潮堤の建設による影響も予測できるのです。住民の意見を十分に反映できるような仕組みがあったならば、地域の条件に適合する合理的な防災対策ができていたのではないかと考えられます。行政は住民の意向を尊重し、住民の意見を反映できる仕組みを整備する必要があります。

### Ｄ　制度の抜本的見直しが必要

復興財源に関しては、被災地が要望する避難のための道路整備には国からの予算がつかないなどの問題があり、財源確保に期限があるため、行政が立てた防災対策を押しつけ、住民の意思決定を急がせるようなこともありました。国庫補助金の支出年限を限定せず、地元の主体性と創意工夫を支える柔軟な予算措置を講ずることができる改善が必要です。

気仙沼市の小泉地区のように、住宅を高台に移転して守るべきものがないところに巨大な防潮堤を造ろうとしているといった実態もあります。このような場合には、国民の納得が得られるよう、費用対効果の検討も必要です。

災害復旧事業は環境影響評価法の適用除外とされていますが、防潮堤の建設計画を作る際には、海辺の生態系への影響などを考えて、野生生物の現状と育成・生息環境条件などに関する環境影響評価をおこなう必要があります。

気仙沼市の小泉地区、大谷地区、鮪立地区では、防潮堤を陸側にセットバックし、国道や市道を嵩上げして防潮堤を兼ねる「兼用堤」とする案が議論されましたが、海岸法で防潮堤を建設できる位置は原則的に海岸線から陸側50メートルと海側50メートルの間の海岸保全区域に限られ、セットバック案は認められ難い状況にあります。防潮堤を最適な位置にセットバックできるよう、海岸法を改正することが重要です。防潮堤をセットバックすると、砂浜も守られ、標高が高い場所に建設するので防潮堤の規模を小さくすることができます。

# 第6章

# 原発を巡る裁判のありかた

加納　雄二

## 一　はじめに

災害といえば、その最大級のものが、原発事故であることは、２０１１年3月11日の福島第一原発の重大事故（以下「福島事故」と言います）からも明らかです。そして災害の予防（差し止め）、被害の回復（損害賠償）をするのは（最終的には）裁判手続きです。この問題について、現在おこなわれている裁判の内容を、過去の最高裁判決で示された基準などに照らし、その問題点を検討し、あるべき判断方法を述べたいと思います[1]。やや専門的ですが、他の重大な災害についての裁判の考察の方法にも参考になると思います。

福島事故後、執筆時点までに出された判決（差し止め仮処分の場合は「決定」です）には、①大飯原発3号炉、4号炉の運転差し止めを認めた福井地裁判決（２０１４年5月21日）、②高浜原発3、4号機の再稼働差し止めを命じた福井地裁仮処分決定（２０１５年4月14日（裁判長は同じであり、判断は同様です）、以下①②を「福井判決、決定」と言います。判りやすい内容なので原文をお読みください）他方差し止めを認めなかったものには、③川内原子力発電所1、2号機の稼働差し止め仮処分申請を却下した鹿児島地裁決定（２０１５年4月22日）、④、②の決定を取り消し、仮処分申請を却下した福井地裁決定（２０１５年12月24日、以下「福井異議審（決定）」と言います」）があります。

本章では、④の福井異議審決定を批判的に検討し、①②の福井判決、決定の正当性を述べたいと思います。

## 二　福井異議審決定は伊方最高裁判決に照らしても誤り

原発を巡っては、福島事故以前から多くの差し止めなどを請求する裁判が提起されましたが、一部を除いて原告（運転差止めなどを求める住民側）が敗訴しました。福島事故の後には、福島事故以前の裁判所の消極的な姿勢に問題があったのではないかとの指摘がなされました。しかし、事故後の裁判でも、以前と変わらない福島事故のような重大事故は起こらないという安全神話に依拠した判決（決定）がなされています。そこで、まず運転差し止めを認めなかった福井異議審決定が、かつての安全神話に逆戻りし、特に、原発の安全性の有無を専門家の裁量的判断に委ねるという内容が、過去の原発についての設置許可の取り消しを認めなかった伊方原発最高裁判決（１９９２年10月29日）、及びそれに先立つ裁判官会同の内容に照らしても誤っていることを指摘します。

## Ａ　福井地裁仮処分……仮処分と、異議審で結論が別れました。

（１）福井地裁判決（関電側が控訴中）・決定は、原発再稼働の可否を決める新規制基準は「緩やかにすぎ、合理性を欠く」と指摘し、新規制基準を満たしても安全性は確保されないと判断しました（詳しくは、４項）。これが本稿の結論です。この判決や決定は、福島事故の発生という事実をふまえ、伊方最高裁判決の示した基準に従い、「万が一にも事故を起こしてはならない」「現在の科学技術水準に照らし、審査基準に不合理な点がある」とし、原発は安全性を欠くものとして、再稼働を認めませんでした。

（２）しかし、④福井異議審決定は上記福井仮処分決定を取り消しました。高浜原発３号炉、４号炉は法的に再稼働が可能となりました。この決定の前々日に福井県知事が再稼働に同意しています。この福井異議審の判断は、この知事の同意と連携する政治的判断ではないかと疑ってしまいます。

この異議審は、「新規制基準の内容や、規制委の判断に不合理な点はない」と判断。想定される地震の揺れ（基準地震動）について「規制委で専門的・技術的知見に基づき、中立公正な立場で審査する枠組みが採用されており、内容は合理的だ」として、その判断に委ねました。これは、従来の１９９２年10月29日の伊方最高裁判所判決の判断の枠組み（３項判旨③）を形式的に踏襲し、結果的に手放しに裁量的判断を認めたに等しいのです。

**B　伊方最高裁判決に従っても、現時点では専門家の判断に委ねることは間違っています。事実に従って、裁判所は新規制基準の当否、原発の安全性を判断すべきです。**

この伊方最高裁判決は

①「原子炉が原子核分裂の過程において高エネルギーを放出する核燃料物質を燃料として使用する装置であり、その稼働により、内部に多量の人体に有害な放射性物質を発生させるものであって、原子炉を設置しようとする者が原子炉の設置、運転につき所定の技術的能力を欠くとき、又は原子炉施設の安全性が確保されないときは、当該原子炉施設の従業員やその周辺住民等の生命、身体に重大な危害を及ぼし、周辺の環境を放射能によって汚染するなど、深刻な災害を引き起こすおそれがあることにかんがみ、災害が万が一にも起こらないようにする必要がある」としました（判旨①）。

②「原子炉施設の安全性に関する審査は、原子炉設置者の右技術的能力との関連において、多角的、総合的見地から検討するものであり、しかも、右審査の対象には、将来の予測に係る事項も含まれているのであって、右審査においては、原子力工学はもとより、多方面にわたる極めて高度な最新の科学的、専門技術的知見に基づく総合的判断が必要とされるものであることが明らかである。」としました（判旨②）。

③②を根拠に裁判所の判断の方法としては、「原子力委員会若しくは原子炉安全専門

審査会の専門技術的な調査審議及び判断を基にしてされた判断に不合理な点があるか否かという観点から行われるべき」、「現在の科学技術水準に照らし、右調査審議において用いられた具体的審査基準に不合理な点があり、あるいは当該原子炉施設が右の具体的審査基準に適合するとした原子力委員会若しくは原子炉安全専門審査会の調査審議及び判断の過程に看過し難い過誤、欠落があり、被告行政庁の判断がこれに依拠してされたと認められる場合には、被告行政庁の右判断に不合理な点があるものとし、右判断に基づく原子炉設置許可処分は違法と解すべきである。」（判旨③）として行政の裁量的判断に委ねたとされました（ここの③判旨は全体としては行政（安全委員会など）の裁量を認めたと読めるのですが、「現在の科学技術水準に照らし、審査基準に不合理な点があれば、原子炉設置許可処分は違法」なのです。第2、4項）。

（1）福井異議審は、基準地震動に関する規制委員会の審査について「安全規制に関連する各種分野の専門家として高い専門性と識見を有する複数の委員を擁する同委員会が、高度の専門的・技術的知見に基づき中立公正な立場で独立して職権を行使できる態勢を確保することによって、審査に係る各原子炉ごとに、精度の高い調査と最新の科学的・技術的知見を踏まえた地震動の評価がされている。不確かさについても適切に考慮されているかといった点を個別的かつ具体的に審査するという枠組みが予定されているものと解されるのであり、そのような審査の枠組みには十分な合理性があるというべきである」と述べ、さらに「以上を総合すると、基準地震動に関する新規制基準の内容に不合理な点はないと認めるのが相当である。」としました。つまり、判断が、上記判旨③に従い、事実上規制委員会の裁量判断に委ねられ、「万が一にも事故は起こしてはならない」との判旨①は無視されました。

（2）一般に行政事件での裁判所の審査の方式については、（ア）「実体判断代置型審査方式」即ち、裁判所が処分行政庁と同一の立場に立って、当該処分が法令や法の一般原則に反しないかを処分庁に代わって独自の判断を下しこれをもって行政判断に置き換える審査方式と、（イ）「裁量統制型審査方式」、即ち、当該処分に行政裁量があるものとして、裁判所が処分行政庁の判断に裁量権の逸脱濫用があるか否かを審査する審査方式、この二つの方式があるとされます。伊方最高裁判決の判旨は（イ）の方式であるとされ、福井異議審もこれに形式的に従ったものですが、以下に述べる通り誤った判断です。

（3）伊方最高裁判決は結果的に（イ）に従って判断したのみであり、将来の原発についての裁判をこの（イ）の形式で判断しろとは言っていません。それに、「具体的審査基準に不合理な点があるかどうか」というと言っているのみで、「専門技術的裁量」を正面から認めたものではありません。即ち、伊方最高裁は専門家に判断を委ねた理由として「右審査の対象には、将来の予測に係る事項も含まれているのであって」ということを述べています（判旨②）。

しかも、伊方最高裁判決に先立つ裁判官会同で[2]、「高度の専門的技術的知識が必要な場合、裁判所は、実体的判断代置方式を採るべきではなく、行政庁のした判断に合理性、相当性があるといえるかどうかという観点から審査をしていけば足りる」として結果的に司法審査の方式は、「行政庁に裁量が認められているのと同じ結果となる」とするのみです。すなわち、そもそも伊方最高裁判決は審査の対象が行政の裁量に委ねられるとしたのは当時としての結果的判断に過ぎず、裁量という用語も用いられているわけでもなく、一般的に原発の安全性の審査について裁量統制型審査を認めたものではありません[3]。

福島事故が起こり、重大な被害が発生しました。原発が安全か否かは、「将来の予測に係る事項」では無くなったのです。しかも、「高度の専門技術的知識」による判断、すなわち重大事故は起こらないとする安全神話が間違っていたのです。

しかし、「安全神話」を最高裁も信じていました。なんと別の裁判官会同で最高裁は「原子炉事故の起きる確率が極めて少ない」とまで言っています[4]。

さらには伊方最高裁自身が、スリーマイル島事故、チェルブイリ事故が起こっているのに、それを判決では無視しています。

（４）そして福島事故以降は、判旨①の「万が一にも事故は起こしてはならない」という観点から、おこった結果、原因を吟味して、かつ安全性の判断に必要なその反省を踏まえ、新規制基準＝規制委員会の判断の当否、原子力施設の安全性を判断すべきなのは、この伊方最高裁判決とは何ら抵触しません。これが福井地裁判決・決定の立場です。

少なくとも福島事故後は、現在の行政側の専門家の判断を信頼するというなら、まず最高裁判所を筆頭に過去に裁判所が信仰した「安全神話」、誤った判断の根拠となった註解、事実誤記を明らかにすべきです。過去の誤りの検証の無いまま、あいまいにしたまま新たな「専門家の判断」に合理性があるとして、その裁量に委ねる裁判所の判断を国民は信用しないでしょう[5]。まさに、福井異議審決定は何の根拠もない安全神話の復活なのですから。

なお、内容の詳細は略しますが、実際には福井異議審決定や、過去の、例えばもんじゅ最高裁判決（２００５年５月30日）は、もんじゅ（高速増殖炉）の設置許可を無効とした名古屋高裁金沢支部の判決について、最高裁自ら事実認定をして、原発は安全だとしました。かなり踏み込んだ事実認定をして、そこから、新規制基準の妥当性、原子炉施設の安全性の吟味をしています。これは、基準が妥当であること、原発が安全であることの方向での判断ですが、逆もできるはずです。

## 三　原発の安全性については、行政（専門家）の裁量的判断に委ねるべきで無い

ここでは、水俣病最高裁判決（２０１３年４月16日）が、水俣病の認定について伊方最高裁判決を援用して行政の裁量的判断を認めたとされる大阪高裁判決（２０１２年４月12日）を破棄し、水俣病を認定せよとしました。この水俣最高裁判決の論理を参考にすれば、行政（専門委員会）の規制基準の当否を裁判所が判断して当然であることを述べます。具体的な事実から吟味すべきです[6]。

（１）この水俣病裁判は、公害に係る健康被害の救済に関する法律（以下「公健法」といいます）により水俣病認定申請を棄却された者が、県（熊本）を訴え、水俣病の認定申請棄却処分の取消し及び認定の義務付けを求めた事件です。「水俣病」に「かかっている」か否かという公健法上の水俣病認定の要件について、第１、２項（３）の通り、（ア）実体判断代置型審査方式か、（イ）裁量統制型審査になるのかが争点となりました。

（２）この事件の原審の大阪高判２０１２年４月12日判決は、水俣病の認定申請の棄却処分の取消訴訟の審理方法について、伊方最高裁判決の結論部分（判旨③）に従い、何らその論拠も示すこと無しに、（イ）の裁量統制型審査方式によるべきものとしました。第二項Ｂ（３）に述べた通り、伊方最高裁判決が「将来の予測に係る事項も含まれている」

としたことや、注2、注3の通り、裁判官会同で「行政庁に裁量が認められているのと同じ結果となる（のみ）」「一般にいわれる裁量とは……相当異なる」と説明したことは全く考慮されてはいません。

水俣最高裁判決は、（ア）の立場をとるべきだとした大阪高裁判決を破棄し、差し戻し審理を命じました（判旨は本章末尾）。即ち医学上の「水俣病」を最高裁は裁判所が認定せよとしたのです。

（3）それなら、原発の安全性、その基礎となる、規制基準の合理性の有無の判断のほうがより専門的、技術的判断ではなく、安全設備の存否という事実などから、より容易に判断が可能ではないでしょうか。行政基準の妥当性の有無を判断することは裁判所の任務のひとつです。規制委の審査基準であるが故に裁判所を当然に拘束するものではありえません。この水俣病においても、原爆症認定訴訟でも、裁判所は行政の審査基準の妥当性を否定して患者を救済してきました。原発の差し止めは、訴訟の内容が異なるとは言え、「万が一にも事故を起こしてはならない」原発の安全性が問われているのであって、実際に福島事故が発生し、その被害の大きさからしても、原発の事故の被害にさらされ、人格権が侵害されないということの権利性は格段に高いのですから、審査基準の妥当性を判断すべきであり、できるのです。

（4）この「時の判例」の解説は、「水俣病の認定における処分行政庁の審査は、多角的総合的見地からの検討は必要ではあるが、その審査の対象自体は、水俣病にかかっているかという過去又は現在の確定した事実であり、伊方原発訴訟における審査の対象とは事柄の性質・内容を大きく異にするものである。」とありますが、福島第一原発事故で発生した事故の原因、安全設備の不備といった事実は、過去または現在の確定した事実です。耐震安全性の基礎となるべき基準地震動（の策定方法）などもやや専門性を有するものとは言え、同様です。そこから将来の事故発生可能性を予測し、あるいはそれに耐えうる安全性を原発が有するかどうかは、上記解説にもあるとおり、「特殊な立場にある者にだけ判断できる性格のもの」ではないのです。水俣病が何であり、それに該当するかどうかの判断のほうが、よほど特殊な立場＝お医者さんの判断事項ではないでしょうか。しかも、水俣病の認定も専門委員会を通した判断です。もちろん、原発が安全か否かは、裁量を認めうる「単なる恩恵的なものとはいえないものです」のはその通りです。人格権が経済的必要性に優先されるもので無いことは、福井地裁判決が格調高く述べる通りであり、もちろん注3にあるとおり、政治的政策的裁量が認められるものでもありません。

（5）ここまで読んでいただくと判っていただけると思うのですが、「専門技術的知識」というような言葉は専門機関（行政）の裁量を認める為に、判断回避の為の方便です。福井異議審でも福島事故が発生したにもかかわらず、何故それに従うかの説明がなされていません。

それに、そもそも、伊方最高裁判決に従えば、第１で述べた通り、「実体判断代置型審査方式」か「裁量統制型審査方式」を論点の判断事例とすること自体が誤りなのです。

しかも伊方最高裁判決は「具体的審査基準に不合理な点があり」とすれば、原子力安全委員会などの審査を違法としています。これに従って審査基準の合理性の有無を判断しているのが福井判決、決定の立場です。この伊方最高裁判決は、続いて審査手続きの課程については「看過し難い過誤、欠落があ

囲み記事

**水俣最高裁判旨**

「公害に係る健康被害の救済に関する特別措置法３条１項に基づく水俣病の認定の申請を棄却する処分の取消訴訟における裁判所の審理及び判断は、処分行政庁の判断の基準とされた運用の指針に水俣病に関する医学的研究の状況や医学界における一般的定説的な医学的知見に照らして不合理な点があるか否か、公害被害者認定審査会の調査審議及び判断に過誤、欠落があってこれに依拠してされた処分行政庁の判断に不合理な点があるか否かといった観点から行われるべきものではなく、経験則に照らして個々の事案における諸般の事情と関係証拠を総合的に検討し、個々の具体的な症候と原因物質との間の個別的な因果関係の有無等を審理の対象として、申請者につき水俣病のり患の有無を個別具体的に判断すべきものである。」（最高裁のホームページから引用）

れば違法」として、そこでは違法性の判断を緩めています。ここでは裁量を認めるのと同じですが、審査基準そのものとは明らかに違法とされる要件（次元）が異なっています。それなら実体面（審査基準の当否）は手続き面より厳しく判断すべきです。しかし福井異議審決定は、実体面も判断基準を緩め、司法判断を回避しています。

## 四　福井地裁判決・決定は伊方最高裁判決の判断の枠組みに従って審査基準を判断した

次に、差し止めを認めた福井地裁判決・決定が、具体的事実を基礎に新規制基準の当否、原発の安全性の有無を判断していることが妥当（普通）であることを指摘します。

（1）この福井地裁判決の判断は、司法審査の判断基準と、その基礎とする事実（内容）を区別して考えています。判断基準は伊方最高裁と同じで、ただ、（福島事故後は）判断の基礎となる事実が普通になっただけです。

（2）この判決の判断は、「災害が万が一にも起こらない」（伊方最高裁判旨①）ようにするため、判断の基礎として福島事故の発生も踏まえ、「本件原発で重大事故を招く具体的危険性の有無」から、「審査基準が不合理」を導いたものです。すなわち、「本件訴訟においては、本件原発において、かような事態（引用者注　福島第一原発事故のこと）を招く具体的危険性が万が一でもあるのかが判断の対象とされるべきであり、福島原発事故の後においてこの判断を避けることは裁判所に課せられた最も重大な責務を放棄するに等しい」と指摘しています。

その上で、原発の耐震設計で想定する最大の揺れ（基準地震動）を超す地震に２００５年以降だけで福島第一など４原発が５回襲われていることから、想定そのものが信頼性を失っているなどとして、新規制基準は「緩やかにすぎ、合理性を欠く」と指摘し、新基準を満たしても安全性は確保されないと判断しました。極めて解り安い判断です。

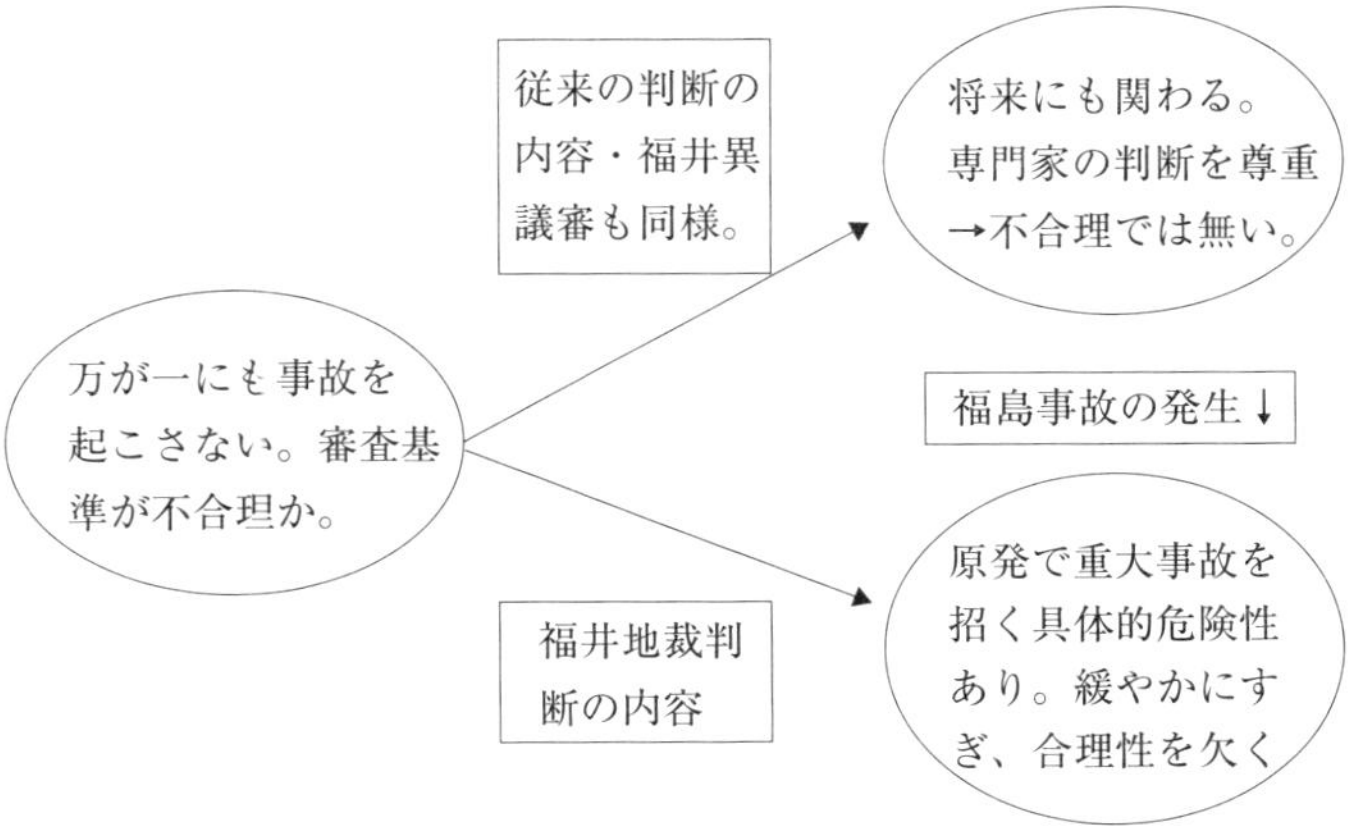


図１　現在のあるべき判断の枠組み

## 五　補足　制度、法律の改正の事実の無視及び安全設備の欠如の無視

最後に、原発を巡る法律が改正されているのに、福井異議審決定はそれを無視し、国際基準などに照らしても、安全性を確保するための設備に不足があることは明らかなのに、そのような事実を考慮していないことを簡単に指摘します。

（1）福井異議審決定は、伊方最高裁判決に反すると言う以前に、原発について、改正された制度、法律を無視しています。

本件原発が規制基準を満たしても、安全であると認められることにはなりません。このことは規制委員会委員長も、以下のように明言しています「（規制委員会による審査は）「安全審査ではなくて、基準の適合性を審査したということです」「安全だということは、私は申し上げません。」安全であるかどうかは裁判所が判断すべきなのです。

（2）規制する法律も改正されました[7]。しかし、新しい法律の「確立された国際的な基準を踏まえ」という以前に、福島第一原発にはあった、免震重要棟、フィルター無しベントさえも設置されていません。しかも、原子力規制委員会は、5年猶予されているフィルター付ベントの設置の再延期を、なんと2015年11月13日のパリのテロの当日に公表しています。これではいつまで経ってもベント等は設置できないのでは無いでしょうか。

（３）国際原子力機関（ＩＡＥＡ、原子力の平和利用を確立するために設立された国連の関連機関、日本も加盟）は、原発の安全性を保つため「５層の防護」という考え方を示しています[8]。

福井異議審決定（２２１頁以下の「７　その余の債権者らの主張等について」）は「（以上によれば）本件原発においては、債権者らが主張する危険性（本件原発の燃料体等の損傷ないし溶融に結び付く危険性）については、社会通念上無視し得る程度にまで管理されているというべきである。」とあるとし、防護は3層までで良いとしています。事故収束設備が不十分だったり、避難計画がなかったりでも良い、検討しないというのは明らかに誤っています。

普通の住宅についても、たとえ耐火建築でも、消火設備だけでなく避難路もあるし、避難訓練もします（これは建築基準法などでの規制の問題でもあるわけですが、ここでは、施設の安全性という一般論で論じます）。福井異議審決定の考えかたによれば、消防車も、建物本体の消火活動の為のものがあれば良く、火災の拡大を防ぐためのものは必要ないことになります[9]。

この点で、福島事故がいまだに収束していないだけでなく、原因究明もできていないし、爆発した原子炉は、高度の放射能に汚染され、内部に立ち入ることすら困難で、事故の原因の検証のしようもない状態にあることは重大です。原因の究明を前提する新たな基準など、本来作りようが無いのです。当然あるべき被害防止の、安全確保の為の設備が無いことは明らかなのだから、原発の再稼働は認めるべきではありません。

【注、および参考書、参考文献】

1）伊方原発訴訟は原子炉等規制法に基づく伊方原発1号機の設置許可処分の取り消しという行政訴訟であり、ここ（本章）で取り上げている裁判は、住民の人格権に基づく私企業である電力会社の原発の差し止め訴訟です。訴訟の形式は異なるので、論点は違うところもあるのですが、原発の安全性、行政機関である原子力規制委員会の規則基準やその判断の当否が問題になることは基本的に異なりません。

2）裁判官会同というのは、各地の裁判官が集まって具体的裁判内容を検討するもので、個別の裁判官の独立からすれば、会議の存在自体疑問があります。しかも、多くは最高裁事務総局の考えの押し付けになっていますので、さらに問題です。ただ、本稿では、その内容すら十分に検討、理解されていないし、判決に反映されていないということを問題にしているので、ここでは深く立ち入りません。

3）最高裁判所としては、「行政庁の行う安全性の審査が専門技術的裁量処分ですと解する立場」をとり、「裁判所が実体的判断代置方式をとるべきという立場でも」、ただちにそうはならないと述べ、「ここでの判断は、将来、事故等が発生しないかどうかという未来の予測にかかわる事柄であって、高度の専門技術的知識が必要であり、法は、そのような判断をするにふさわしいスタッフを擁していますところの行政庁……に専門的立場から判断させるというシステムを採っていると考えられる」として、「そうだとすると、その判断の適否を審査するに当たっては、裁判所としても、行政庁のした判断を一応尊重して審査に当たるという態度をとるべきですということになるのではなかろうか（その限りでは、行政庁に裁量が認められたのと同じ結果となるように思われる）」としています。（行政事件担当裁判官会同概要集録　中巻（その5）『行政裁判資料第64号』最高裁判所事務総局、653～654頁参照、1991年）。

4）伊方最高裁判決の調査官解説では「本判決が、ことさらに「専門技術的裁量」という用語を用いなかったのは、前記のとおり、下級審裁判例のいう「専門技術的裁量」が、安全審査における具体的審査基準の策定及び処分要件の認定判断の過程における裁量であって、一般にいわれる「裁量」（政治的、政策的裁量）とは、その内容、裁量が認められる事項・範囲が相当異なるものであることから、政治的、政策的裁量と同様の広汎な裁量を認めたものと誤解されることを避けるためであろう（最高裁判所判例解説民事編平成4年度、420頁）」と述べています。

5）伊方原発訴訟のような事件の原告適格につき、積極説と消極説とがあり、「両説考えられるが、原子炉事故の起きる確率が極めて少ないことを考えると、消極説によった場合でも実際に被害が発生しなければ救済が受けられないという危惧が現実になる可能性は非常に少ないから救済における不都合は生じない。」（行政事件担当裁判官会同概要集録中巻（その四）『行政裁判資料第64号』最高裁判所事務総局、134頁、1980年）。なお裁判官会同そのものの問題性は注2参照。

6）ジュリスト2014年5月号、時の判例（調査官　林俊之）参照

7）関係法令とその改正点は以下のとおりです。

ア　原子力基本法。原子力基本法は、我が国の原子力政策の基本法である。その第2条（基本方針）において、原子力の研究、開発及び利用は「安全の確保を旨として」おこなう旨が定められていた。

福島事故後、同条に第2項が新たに設けられ、「前項の安全の確保については、確立された国際的な基準を踏まえ、国民の生命、健康及び財産の保護、環境の保全並びに我が国の安全保障に資することを目的として、行うものとする。」と定められた。

イ　核原料物質、核燃料物質及び原子炉の規制に関する法律（以下「原子炉等規制法」という）。この第1条（目的）も改められ、「核原料物質、核燃料物質及び原子炉による災害」の例示として「原子力施設において重大な事故が生じた場合に放射性物質が異常な水準で当該原子力施設を設置する工場又は事業所の外へ放出されること」と定められたほか、「大規模な自然災害及びテロリズムその他の犯罪行為の発生も想定した必要な規制を行う」ことが付記され、さらに、規制の目的として、「国民の生命、健康及び財産の保護、環境の保全並びに我が国の安全保障に資すること」が明記された。

ウ　原子力規制委員会設置法。新規立法である原子力規制委員会設置法は、第1条（目的）において、原子力規制委員会の職務を「原子力利用における事故の発生を常に想定し、その防止に最善かつ最大の努力をしなければならないという認識に立って、確立された国際的な基準を踏まえて原子力利用における安全の確保を図るため必要な施策を策定」することであると定めた

8）5層の防護とは、故障や誤作動を防ぎ、地震や津波などに襲われても炉心溶融のような重大事故にならないよう備えをするのが1～3層目。事故が起きてしまった場合、いかに事故の被害を最小限に食い止め、住民を被ばくから守るかの備えをするのが4、5層目です。ベント（排気）時に放射性物質の放出を最小限にするフィルターの設置、事故収束に当たる作業員を放射線から守る免震施設の整備などが4層目に当たり、適切に住民を避難させたり、内部被ばくを防ぐヨウ素剤を配ったりするのが5層目です。

9）欧米では相当以前から、とくに3・11事件以降、テロ対策も含め、防備がなされています。3層

目までの問題ですが、大型商用航空機の衝突、ハイジャック、ミサイル攻撃などの対策として、設計圧力を高めた二重構造の格納容器の設置が欧米では多くの原発にあります。しかし日本では必要ないとされています。また4層目ですが、これも欧米では、原子炉圧力容器外に流出した溶融炉心を格納容器内に貯留するコアキャッチャーの設置が求められています。

欧米の安全設備については「発電用軽水型原子炉施設におけるシビアアクシデント対策規制の基本的考え方について（現時点での検討状況）」・２０１２年８月27日原子力安全・保安院。「世界標準と安全設計」・平成22年９月17日日本原子力学会等参照。

第５層の避難計画についても、１９９１年、１００％完成していたアメリカニューヨーク州のショーラム原発のように、州知事が避難計画を不十分として承認せず、原発完成後一度も稼働せずに廃炉となったケースもあります。最終的には1ドルで売却されたそうです。

# 第7章

# 安全で住みよい地域づくりの課題と方向

（行政公務員の経験を踏まえて）

中村　八郎

# 一　はじめに

〝防災〟の最も重要な課題は、人の命をどう守るか、です。行政の防災計画では地域避難や救助・救出といった住民の生命を直接的に保護するための対策に重点が置かれていますし、市民向けの防災ハンドブックなどでも命を守るハウ・ツー知識が数多く紹介されています。一方では、避難や救助活動が円滑にできず、多くの生命が失われ、あるいは住宅や仕事を失った被災者が長年に及ぶ苦難の生活を強いられています。ここには防災はどうあるべきか、という中心課題が提起されています。それは、災害危険が蓄積し、災害に怯えて暮らす地域社会ではなく、誰もが安全で安心して生活できる地域づくりこそが災害問題の中心課題でなければならないということです。

従来、わが国の災害対策は、〝人命の確保〟対策だけを取り出し、地域に蓄積する災害危険そのものを低減し、解消する対策を軽視してきました。その結果、財産の保護は無論、人命の保護さえも困難にするという大きな矛盾を抱えています。

このような混迷と停滞した地域防災を転換し、災害から住民の生命と財産を一体的に守ること、そのためにコミュニティと自治体が連携・協同して総合的な地域防災を推進することが不可欠であり、現実的であると考えます。

本稿では、地域における災害問題、安全・防災対策を阻害する要因、地域のコミュニティ防災について、私の行政職員としての経験を踏まえて整理します。

## 二　災害と地域社会

### Ａ　地域社会の災害問題

災害はそれぞれの地域社会において発生するので、当然、住民の生命と財産を守るためには人々が生活し、さまざまな社会経済活動が営まれている地域の安全化、地域づくりは不可欠です。実際、防災対策を必要とする地域は、過密な住宅地区や低湿地であるなどの災害を生み出す危険要因を潜在させており、そうした脆弱な状態を改善することが災害問題の核心であるべきです。しかし、現実は自然現象が「異常であった」とかで、防災の主役が住民避難や救助におかれ、地域社会の安全化を中心に据えた対策にはなっていません。なお、わが国の防災行政の基本を定めた災害対策基本法第１条では「国土（地域）並びに国民（住民）の生命、身体及び財産を災害から保護するため」と、法の直接的な目的を規定していますが、地域社会の安全化が住民の生命と財産を守るための基本であるとの考え方はありません。

## B　地域社会における災害危険の蓄積

住宅や生活基盤施設、さまざまな生産手段から構成される地域社会では、普段は人々の活動と諸施設が複雑に関係し合いながらも安定しています。そして、自然外力や何らかの事故によって安定状態が崩れたとき、社会的被害となって災害に至ります。ですから、自然外力があっても安定状態が維持されるように、自然環境、土地利用や開発、それらの関係性に配慮して普段の地域づくりをおこなうことが何より重要です。

災害危険が蓄積する形態は、地域特性により異なり、また自然外力などにも左右されます。しかし、自然外力は地域の立地条件と深く関係しているので、自然環境や社会環境に十分配慮して土地利用や開発行為、さらに安全管理などの地域づくりを通じて災害危険の蓄積や潜在化を防ぐことは可能です。こうした普段の地域づくりによって地域社会に災害危険を蓄積させないことが地域防災の基本であり、その上で、万が一に備えて地域避難などの応急対策が講じられるべきです。

たとえば、最近発生した鬼怒川水害（２０１５年９月）では、鬼怒川中・上流域に降った「これまでにない激しい集中豪雨」が下流の水位を上昇させ、堤防の越流や決壊によって氾濫水が市街地に長時間滞水し甚大な水害をもたらしました。水害の要因として大量の集中豪雨（総降雨量や降雨強度など）が強調されますが、河川下流部の拡幅や堤防の強化、遊水池の整備など河川管理の遅れ、堤内地である市街地側の土地利用規制、住宅や庁舎など重要防災施設の建築工法、早期排水対策などの被害軽減対策の不備、そして、何よりも中流域における河川への雨水流出量の抑制対策が不十分であるなど、安全・防災地域づくりの面で総合的な対応に欠けていたことが問題視されるべきです。

災害危険の蓄積についていえば、自然現象である降雨量の不確実性を考慮していない、中流域で雨水流出率を抑制していない、（中流域に較べ）下流域の川幅が狭小で勾配も小さいのに河川堤防などの治水対策が不十分である、下流域の市街地は元々鬼怒川・小貝川の氾濫原で低地であることに配慮せず市街地を形成してきた、などが指摘できます。

## C　極端な自然現象をどのように位置づけるか

災害対策において自然現象の強度（外力）をどう設定するかは重要な課題です。自然に対する私たちの知見は日々進歩していますが、例えば、従来、国の大規模地震の設定要件には過去に複数回の発生がないと「繰り返し性」を認めないとか、河川氾濫では数百年に1度の降雨強度（再現期間）で発生するなど、一般に分かりにくいという問題がありました。

自然現象の強度は自然科学的知見によるものです。しかし、対策で設定する規模は社会的な工学技術を含む経済力やリスク評価に左右されざるを得ません。両者は本来別物ですが、防災会議などの場では渾然一体として議論されていることが問題です。ここでは、各地域における最新の知見から最大強度の極端な自然現象を明確にすること、対策用の規模は判断根拠を明らかにし、社会的合意を得ることが必要です。通常、極端な自然現象の強度は再現期間が長いほど大きくなり、被災も甚大になるので対策を怠る理由にはなりません。地域社会の持続的な発展という観点からは、常に安全水準を高める地域づくりが必要なことは明らかです。

## 三　地域における基本的な災害問題

### A　災害問題は地域固有である

災害危険はその地域が抱える固有の問題であり、対策も地域社会との関係において具体化されるべきです。しかし、とくに阪神・淡路大震災（１９９５年）以降、防災対策が都道府県を超えた広域防災（広域支援体制）が重視されるようになり、地域問題としての対応の後退と一般化が進んでいます。この背景には被災規模が自治体の能力を超えて（特に広域合併により）地域的対応が困難になったこと、開発が全国的に及び類似の災害が各地で発生していることがあります。

災害広域支援は、現状ではやむをえない面もありますが、被害の形態や規模は地域により異なり、応急対策や復旧対策は被災地域に精通した自治体、住民、事業者などの関係者が中心になってこそ迅速で、有効です。安易な外部依存が効果的な対策を保障することにはなりません。また、災害広域支援は、直面する応急や復旧の課題に限定され、被害を未然に防止することの重要性という考えには至りません。結果として、狭小な防災観が被災地ばかりか、支援側の団体にも敷延するという問題があります。

## B　地域社会の安全・防災対策

災害対策では、災害の危険性や被害の発生形態と推移に応じて、「図1　災害対策の体系」で示すように予防・応急・復旧及び復興の各対策を、地域の諸条件を考慮して段階的・総合的に講じることが必要です。

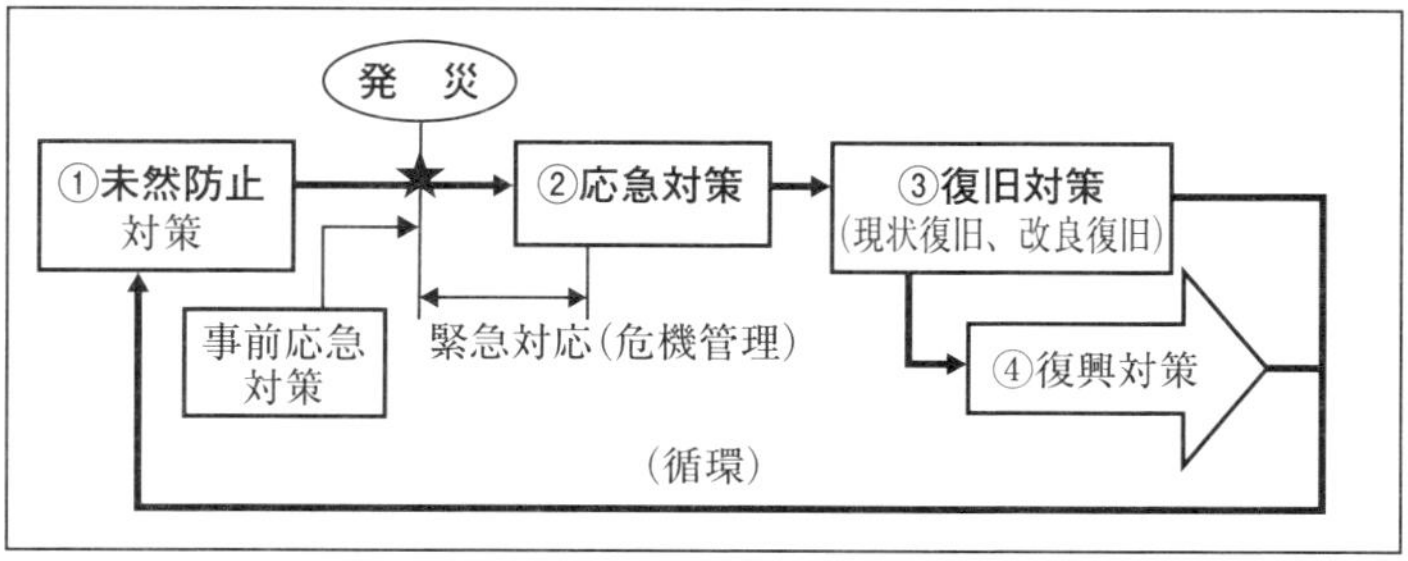


図１　災害対策の体系（段階的対応）

## ❶ 災害の未然防止対策（予防対策）

未然防止対策は、文字どおり被害の発生を未然に防ぐための普段の予防対策です。行政防災計画のように応急対策の事前準備を予防対策とする考え方もあるので、ここでは区別するため未然防止対策とします。自然現象を契機とする災害では、被害の発生や様相に地域の自然条件と社会条件が必ず反映されるので、地域社会を構成する自然的・社会的環境を総合的に検討し、地域づくりとして被害に結び付く要因を改善することが必要になります。自然条件としては地形・地質・地盤、水系、気象などがあり、社会条件としては人々の生活や土地利用の仕方、地域を構成する構造物やライフライン施設の造られ方、そしてこれらの関係性などがあります。こうした諸条件が自然現象の極端な変動に対してもできるだけ安定状態が保たれ、被害を限定できるように管理することが未然防止対策では何より重要です。

## ❷ 被害発生後の応急対策

災害が発生またはそのおそれのある場合の避難や人命救助、2次災害の防止などの事後の対応が応急対策です。ここでは被害を極力限定するための人為的活動とこれを支える施設的体制を準備し、維持することが必要です。想定される被害規模に見合う体制（要員態勢と防災施設）を行政や防災機関が確保できない場合は、被害の縮小を図るために前項の未然防止対策を強化するのが本来です。なお、災害救助法に基づく被災者への救助措置はすべて応急対策に含まれます。

自治体の地域防災計画（震災編など）では、既往の地震による被害想定調査結果として、必ず人的・物的な被害を定量的に示しています。これは計画書が対象とする災害像（被害の様相と規模）を示すことにより、被害の様相に応じた必要対策を導き出し、対策量（いわゆる防災需要）を判断できるという位置付けです。

### ❸　復旧及び復興対策

被災した地域の被害を迅速に回復し、被災状況の長期化と再発を防ぐ対策が復旧・復興です。ここでは被災住民の生活再建（住宅や雇用などの回復）、生業者の事業再建（事業所、農地・漁港などの回復）を基本としつつ、再度災害に見舞われることのない地域づくり、復興まちづくりが推進されなければなりません。

これらは被災地の復旧・復興に当たっての原則ですが、多くの地域防災計画の内容は、施策の羅列はあっても、改良的復旧及び復興地域づくりの目標（地域像）は見られません。確かに、被害想定は不確実なものですが、防災計画が将来の災害発生を前提とする限り、復旧や復興計画についても被害想定結果を踏まえた検討が必要です。なお、「特定大規模災害」については、復興事業の迅速な導入を目的とした「大規模災害復興法」が2013年に施行されています。

## 四　安全・防災対策を阻害する要因

わが国では、毎年のように各地で大災害に見舞われ、多大な犠牲者と財産が失われ国民生活の破壊が続いています。この現実は、わが国の安全・防災対策における災害問題への向き合い方、安全や防災への取り組み方が間違っていないか、の再検討を問いかけています。ここでは安全・防災対策を阻害している問題として、行政防災の総合性と災害関係情報について考えます。

### A　行政における総合防災の欠如

#### ❶　応急防災に偏重した防災計画の破綻

都道府県並びに市町村地域防災計画は、国（中央防災会議）の防災基本計画を基準として策定される計画体系になっています。こうした行政防災計画は60年代末までに大半の自治体で策定されます（防災基本計画は63年策定）が、その内容は今日に至るまで一貫して住民の地域避難や人命救助など応急対策が中心となってきました。しかし、現在の地震被害想定調査の結果は、大都市地域に限らず応急対策では被害を限定できないほどに地域の災害危険が高まり、実際に土砂災害や津波災害、水害による住民避難が円滑にできず、避難に成功すれば〝奇跡〟として讃えられ、救助されれば〝幸運だった〟とされる有様です。さらに、応急対策は被災を前提としているので、住まいや仕事場を失った被災者の生活回復には長年に及ぶ苦難が避けられません。これは災害対策基本法の「地域並びに住民の生命、身体及び財産を災害から保護するため」の本旨とは相容れない事態です。

こうした応急対策に偏重した対策[1]はすでに破綻しており、前項でみた災害対策の体系（図1）でいえば、明らかに未然防止対策を強化すべき状況にあるといえます。しかし、未然防止対策は極めて地域性が強いこと、また災害対策基本法により個別特別法に委ねられている（次項）ので、同法による集権的な計画体系には馴染まないという根本的な矛盾をもっています。同時に、この制度的問題が地域社会における総合的な防災対策の推進にとって大きな妨げになっています。

## ❷ 縦割り行政と災害危険の蓄積

災害対策基本法10条の規定[2]は、災害予防関係法をはじめとする個別の特別法に直接的な対策を委ねている（災対法は特別法の領域を不問）としています。これにより防災基本計画及び地域防災計画においては、災害予防関係の特別法に係わる規定（施策）には踏み込めず、行政防災（地域防災計画）における総合的な安全・防災施策の推進を困難にしています。さらに縦割り行政の弊害として施策間の不整合を生み、地域社会において安全の低下や危険の蓄積を制御できなくしています。

個別の特別法にはそれぞれ所管省庁があり、安全や防災に影響を及ぼす施策・事業についても各省庁の方針（施設建設であれば整備基準など）があります。たとえば、水害対策では、河川の治水管理（拡幅、堤防、砂防堰堤の整備など）は河川法や水防法、雨水流出率に関係する山林の管理は森林法、同様に農地の利用などは農業基本法や農地法、浸水危険のある下流市街地の土地利用などは都市計画法、さらに洪水時の住民避難などは災害対策基本法が関係しています。しかし、関係行政間の調整はほとんどおこなわれず、不整合の結果が災害危険を生んでいます。ここでは流域全体の自然環境や土地利用、水系に関する水管理を調整し、氾濫などの被害リスクを重層的に下げる総合防災が必要なことは明らかです。

こうした縦割り行政の弊害は土砂災害や沿岸部の津波災害、石油コンビナートなどの大量危険物災害の場合も同様です。こうした制度・行政間の未調整による負の集合化は、社会構造上の矛盾として災害危険を蓄積させる要因となっています。多様な形態の開発行為が広範に進められるようになった現在、行政の調整機能の欠如は総合防災の推進を決定的に阻害しています。

### ❸ 自治体における調整機能の欠如

自治体が扱う都市計画、公共施設整備、医療・健康福祉や教育などの事務事業、また、民間の開発行為への指導事務は、日常的な機能性や経済効率性あるいは地域の発展性などを基本とし、立地場所の安全性や災害時などの防災機能には十分な配慮がされてきませんでした。地域社会という具体の場では、地域に関わるすべての開発や管理行為は安全を含む周辺環境に影響を及ぼし、災害危険を蓄積させかねません。それゆえ、「開発と管理」については常に地域社会の安全・防災の観点から総合的な評価と調整が必要です。とくに、地域社会を包括する自治体行政にはその役割（未調整による矛盾の集積防止）が求められますが、現状では制度面で確立していません。例外的に、宅地開発等指導要綱など要綱行政がおこなわれていますが、開発規模要件や協力要請であるなどの点で不十分です。

地域の開発や管理について、自治体の部局間で、安全面から総合的に評価・調整する仕組みがない理由としては、ア）それぞれの開発行為には法的規制があり、当然考慮されている、イ）万が一、事故や災害が発生しても防災部門が（応急対策で）対応する、などの消極姿勢がありますが、何よりも、ウ）地域の発展を善とし、安全面から制約を加えることは発展を阻害する、という強い「開発指向」主義があります。こうした開発優先指向は、高所消防力が未整備にも拘らず、再開発で安易に高層建築を建てようとする開発行政によく表れています。前項でみた縦割り行政の弊害は大きな問題ですが、地域を包括する自治体において開発や管理に関する安全・防災面の調整機能に欠ける状況は総合防災の推進にとって大きな障害です。

## B　災害関係情報の不備と情報共有の遅れ

### ❶　情報共有の重要性

災害情報としては気象庁による注意報・警戒報や自治体の避難勧告・指示に関心が集まっています。しかし、防災対策を広範な分野で推進するためには、行政や関係機関は災害危険や対策に係わる情報を普段から積極的に提供し、住民をはじめ関係者が地域への問題認識を共有しておくことが重要です。そうした防災関係情報として緊急時の情報のほかに、地域社会の災害危険性を評価した事前情報、それらの情報に関する基礎資料（災害情報資料）があります。そうした具体的な情報事例を「表1　災害関係情報の種類と事例」で掲げています。

　これらは地域の住民をはじめとする関係者が災害対策を検討し、実行する上で必要な情報ですが、内容は広範・多岐にわたるので、「A　災害情報資料」では地形・地質・地盤情報、「B　危険評価事前情報」ではハザードマップ、「C　緊急対処情報」では避難勧告・指示、について現状と問題点を整理します。

表1　災害関係情報の種類と事例

| | 情報の種類 | 分　類 | 事　例 |
|---|---|---|---|
| A | 情報資料 | ①自然環境 | 地形・地質・地盤、水系、気象等 |
| | | ②社会環境 | 人口構成、施設密度、生活基盤施設、ライフライン体系、危険物施設等 |
| | | ③防災施設 | 消防施設、河川堤防、防潮堤、水門、がけ擁壁、砂防ダム等の位置や内容 |
| | | ④災害履歴 | 震災、風水害、土砂災害、市街地火災等の既往災害の被害内容 |
| B | 危険評価事前情報 | ①被害想定調査 | 大規模地震や風水害等の定量的被害量と算定方法 |
| | | ②ハザードマップ | 各種災害危険の潜在する場所等の位置（定性的危険エリア）と評価方法 |
| | | ③危険箇所等表示 | 津波到達点、急傾斜地崩壊危険箇所などの現地表示 |
| C | 緊急対処情報 | ①気象情報 | 注意報、警戒法、特別警戒報など |
| | | ②避難情報 | 避難勧告、指示、（警戒区域の設定） |
| | | ③ハウ・ツー対処情報 | 地震時、台風時等の対処知識（ハンドブック等） |
| D | 被災後の情報 | 安否情報、救助法関係情報、復旧・復興情報は省略 | |

## ❷ 防災関係情報の現状と問題

### 〈地形・地質・地盤情報〉

地域社会が形成されている場所の地形・地質・地盤に関する資料は、災害問題を考える上で最も基礎的な資料です。最近は公的機関などから地盤分類図やボーリング柱状図などが公表されていますが、地区レベルの資料まで至りません。市町村には公共事業などのボーリングデータが分散保存され、これに公的機関が保有する地質データを収集すれば相当数の資料が整います。また過去の開発履歴や専門家の協力による常時微動調査などにより、詳細な地盤高図、地形分類図、地質断面図、地盤構成と地質層序（地層の重なり方）、地形・地盤の形成過程や軟弱地盤の性状といった詳細な基礎資料が整います。

これらの情報資料は災害危険の判断や重要公共施設の建設、地域コミュニティの防災活動にも必要な資料です。しかし、一般に自治体には情報提供を渋る傾向があり、特に住民の安全に係わる地区レベルの基礎資料は著しく限定されています。この背景には自治体が基礎資料の重要性への認識不足から調査や収集・整理が遅れている、単に所管事務の怠慢や他部局への影響などから公表をためらう、など初歩的な問題があります。

〈ハザードマップ〉

ハザードマップは、被害想定調査結果と並んで危険評価事前情報の代表的な方法です。このマップは各種の災害危険が潜在する場所（定性的な危険エリア）などを地図上に表示する位置情報として、居住地をはじめ地形や諸施設との関係が把握でき、被害の波及や複合

囲み記事

**ハザードマップと地盤情報**

今日、軟弱地盤区域の地図情報の公表は広域図とはいえ一般的です。東京都国分寺市では、１９７８年に「国分寺市災害危険区域図及び災害危険度表」を公表（全市民に配布）した際、最大の障害は庁内調整でした。この地図では造成地を含む地形分類図（１万分の１）上に延焼火災、消火困難、浸水害、がけ崩壊などの危険区域を記載し、裏面に市内20町別の危険要素ダイヤグラムを記していました。今日でいう大地震時と集中豪雨時を兼ねたハザードマップといえるもので、当時は災害危険エリアを具体的に地図表示した情報はほとんどありませんでした。公表に当たっては、当然のように「市民に不安を与える」「地価に影響する」など異論が出ましたが、最も強硬な反対は「軟弱地盤表示は下水道事業（汚水と雨水を併用処理する合流式）の推進に支障がでる」でした（下水道部では軟弱地盤地区に下水本管の敷設計画があり、凝固剤使用が予定されていた)。結局、地震対策上重要な情報である軟弱地盤表示を除いて公表せざるを得なかった、という苦い経緯があります。その後、幾度も「災害危険診断図」を作成・公表しましたが、軟弱地盤情報については復活しませんでした。政策上は下水道も水害対策の一環であっても、組織内や団体間の現場価値観の乖離は依然として強く、前述した不整合による危険の蓄積を生む要因となっています。

的な災害危険もある程度予測できるなど多方面の防災対策に有益な情報です。特に、住民が地域の具体的な災害危険を理解し、備えをおこなう上で不可欠です。近年、関係法で作成・公表が義務付けられた（表2　法令によるハザードマップの作成根拠）ことにより、ようやく普及しはじめました。

法定事務になったとはいえ、現在のハザードマップの作成目的は避難行動にあることから、表示方法や内容において多用途性に欠けるという問題があります。また、震災や土砂災害の場合は別として、国や県などが管理する河川の洪水や複数の自治体に跨る火山噴火について市町村が独自に調査するこ

表2　法令等によるハザードマップの作成根拠

| 災害の種類 | 法律による規定 | 防災基本計画へ位置付け |
|---|---|---|
| 地震災害 | ・地震防災対策特別措置法の第14条（平成18年3月追加） | ・地震災害対策編1章3節及び1章5節 |
| 津波災害 | ・地震防災対策特別措置法の第14条（平成18年3月追加）<br>・津波対策の推進に関する法律の第8条1（平成23年6月制定） | ・津波災害対策編1章3節 |
| 風水害 | ・水防法の第14条3項（平成13年追加）<br>・水防法の第15条3項（平成17年追加） | ・風水害対策編1章1節及び2節 |
| 土砂災害 | ・土砂災害警戒区域等における土砂災害防止対策の推進に関する法律の第6条1項<br>・同法律の第7条3項（追加） | ・地震災害対策編1章2節<br>・風水害対策編1章2節 |
| 火山災害 | ・活動火山対策特別措置法の第4条（2015年7月追加）<br>・活動火山対策特別措置法の第7条（2015年7月追加） | ・火山災害対策編1章4節 |

とは不可能に近いので、調査研究は国や県などが主導的におこない、公表は市町村がという現在の方式は適切です。しかし、住民への普及方法、危険性の判定根拠の明確化、解説の分かりやすさ、住民による地区版マップづくりへの利活用性などの点で課題が少なくありません。

**〈地域避難の勧告・指示〉**

住民避難に関する情報は緊急対処情報の典型です。市町村長は「災害が発生し、又は発生するおそれがある場合」に住民などへの避難勧告・指示を発令する（災害対策基本法60条、原子力災害では原子力災害防止法により発令者は首相）ことになっています。最近は余裕をもって「避難準備情報」を出すように推奨されていますが、市町村長は気象庁からの風雨や津波情報と地域特性を考慮し避難の要否を判断します。

実際の地域避難については、被災が予測され避難が必要な地区の選定、避難経路や避難所の適否と安全確認、避難所の開設、避難発令のタイミング判断、避難指示などの確実な伝達（複数の伝達手段）、避難誘導、要配慮者（在宅介護者、福祉施設や病院の収容者など）の搬送などが必要です。いずれも判断を誤ればかえって犠牲者がでる業務であり、実行には態勢も必要です。過去の災害で地域避難がほとんど失敗しているのは、こうした業務の難しさがあります。なお、こうした自治体業務の難しさを軽減し、住民の安全避難を可能にするには、安定した気象条件下で、余裕をもった早期避難が最善策ですが、現状では避難勧告等の空振りは避けられず、これによる批判や経費の持ち出し（制度上）などのリスクが伴います。

### ❸ 情報共有の消極性が総合防災を妨げている

災害関係情報が関係者に共有されていることは防災対策の必須要件ですが、危険評価事前情報や基礎的な情報資料の提供は不十分と言わざるをえません。たとえば、安全安心な地域づくりでは、住民間及びコミュニティと自治体の間で地域の災害危険を共有することが不可欠です。また、地域の災害危険への理解には、住宅やがけ地・重量塀、道路や橋など構造物、危険物施設、また地域の構造や生活行動などと（ハザードマップの）浸水規模や揺れの大きさとの関係資料が、また住民が身近な環境を点検し、危険を確認する際には、地区レベルの自然環境、社会環境などの情報資料が必要です。

行政内資料には目的外使用や個人情報に抵触するものもありますが、公表による公益性を考えて統計化して積極的に提供することが必要です。加えて、発生の可能性がある災害（大量危険物施設災害、地震時の交通施設災害、複合災害など）の情報、ハザードマップに関する危険エリアの根拠情報などの提供も遅れています。これらの情報の共有化の遅れが、コミュニティ防災の発展と地域防災の総合的な前進を妨げています。

## 五　コミュニティ防災の現状と展開について

### A　コミュニティ防災の意義と現状

市町村は、市民生活と地域づくりに係わる広範な事務を通じて重要な役割を担い、地域と住民の安全についても法的責務を負っています。また、住民・事業者は社会活動を通じて地域社会の形成に関与しており、災害時には被災当事者になり得る立場にあります。この点から、地域社会の安全の確保、防災対策の充実は、市町村及び地域住民や事業者によって担われることが基本です。それは地方自治と住民自治の面から、また生存権や基本的人権の保障の面からも必要なことです。

とはいえ、多様な住民・事業者が地域的かつ社会的な防災問題に個々人で取り組むには限界があり、どうしても自主的で組織的な活動が欠かせません。また、自主的・組織的な活動を通じて形成される地域意思が自治体との連携を可能にします。ここにコミュニティ防災活動の重要な意義があります。

これまで地域コミュニティにおける防災への取り組みは、主に住民等による「自主防災組織」の結成・活動として全国的に進められてきました。これは災害対策基本法第5条（市町村の責務）の「市町村の区域内の公共的団体その他の防災に関する組織及び自主防災組織の充実を図るほか、住民の自発的な防災活動の促進を図り、……」に基づいて、市町村が「自主防災組織」の結成（母体は自治会・町内会や商店会）と防災資機材や活動経費の支援などをおこない、組織結成率の向上を図ってきたことによります。しかし、地域の「自主防災組織」側では、リーダーの後継者不足、訓練などの活動（災害発生時の初期消火、救助・救急、炊出しなど）のマンネリ化や停滞などの課題が常態化していること、加えて、最近では「自助・共助」の防災理念の下に、避難所の管理運営や要配慮者への避難誘導支援などの災害救助法に基づく活動がコミュニティ（自主防災組織やその他の住民団体）に委ねられるようになり、責任の大きさと態勢づくりの難しさに戸惑いが生じています。

こうしたコミュニティ防災をめぐる現状には、応急対策業務が自治体の対応能力を超える程に過大であることが背景にあります。確かに、避難所の管理運営や要配慮者への支援活動は、即応性とマンパワーが必要な業務であり、自治体の手に余ります。同時に、これらは災害発生時の最前線の業務であり、被災直後の混乱と危険の伴う最も困難な業務です。こうした活動（本来は自治体業務）を責任の所在も曖昧なまま、コミュニティに委ねること自体大きな問題です。

実際、地域社会では住民の高齢化、自治会などの加入率低下、勤労住民の地域離れ（職場拘束の長時間化）、介護や育児の家庭依存の進行（福祉の貧困化）、さらに無秩序な開発による商店街の衰退やコミュニティの分断など多くの課題を抱えており、コミュニティ活動は全般的に衰退し、住民の孤立も進行しています。こうした状況が住民の防災活動への参加を閉ざし、たとえ扶助的気持ちはあっても、予測できない災害時の〝約束された活動〟を避けざるをえなくしています。

### B　現状のコミュニティ防災は地域防災の発展を妨げている

災害時の「自主防災組織」による人命救助や初期消火活動、避難所の管理運営や要配慮者への支援は、地域が直面する重要な課題です。しかし、コミュニティが容易に受け入れられず、普及しにくいという現実は、コミュニティ防災を停滞させ、総合的な地域づくりへの展開を妨げています。それは第1に、行政が住民による地域の防災課題に取り組める社会的条件を整える努力や支援をしていないことです。人命にかかわる応急活動では、とくに活発なコミュニティの存在と活動環境の安全面の改善が絶対条件ですが、コミュニティの醸成と活動環境の改善もなく、社会的な課題を「自助・共助」の理念だけで地域団体に分担しようとしても、コミュニティが揺らいでいる地域では、結局、「自助・共助」が住民それぞれの自己責任にならざるをえません。

第2に、住民によるコミュニティ防災を（行政防災の）狭小な応急対策に囲い込んでいることです[3]。住民による「自主防災組織」などが必要であるとは、地域が災害危険を抱えているからに外なりません。コミュニティ活動はこうした現実課題にこそ取り組むべきでが、狭小な行政防災（応急対策）に囲い込まれた「自主防災組織」では、地域内の危険の改善や安全管理活動には目が向きません。

### C　コミュニティ活動による安全安心な地域づくりへの展開

地域社会における災害危険の蓄積と被害想定結果の深刻さは、コミュニティ防災活動の展開と自治体による日常業務を通じた安全・防災政策の新たな取り組みを必要としています。地域住民の防災活動は、地域コミュニティの再生と活性化が必須の要件であり、そうしたコミュニティの醸成があってはじめて安全・安心な地域づくり活動を可能にします。そして、コミュニティによる地域づくりが基礎となって、従来「自主防災組織」が担うとされてきた地域の応急防災活動は現実的になります。

コミュニティによる安全・安心な地域づくり活動は、地区の調査・点検による地区版ハザードマップづくりや危険要因の学習、安全化方策の検討などが基本です。こうした活動を通じて住民が防災課題を共有し、自治体と連携・協同して課題に取り組むことが必要です。一方、自治体は自主的な地域コミュニティ活動（公益活動）に対して、情報提供や技術的・財政的な支援をおこなうことは当然です。

なお、地域コミュニティの再生は、職場からの〝帰還者〟（退職者）を迎え入れて、地域社会の実情や歴史、防災などの課題を体系的に学ぶ機会を提供し、地域への親しみと問題意識を深めることを通じてコミュニティ防災の率先行動者や理解者を継続的に育てることがキーポイントになると考えます。

前節「安全・防災対策を阻害する要因」で指摘したように、災害危険は経済効率優先の開発などによる歪みとこれに総合的に対応できない社会構造が背景にあります。それゆえ、政策の転換と社会構造の是正は、今後の防災対策上の不可欠な課題です。一方で、現に地域社会が直面する防災課題へのコミュニティ防災活動による取り組みは、それぞれの地域における具体の自然的・社会的特性を踏まえて、住民の生命と財産を一体的に保護するという現実的な防災課題を追求せざるを得ないことから、必然的に総合的な防災対策の前進を可能にします。ここにコミュニティ防災の重要性と必要性があります。

【注】

1）災害対策基本法の46条では、災害予防を応急対策の実施に必要な事前施策に限定し、危険要因を低減する未然防止対策を除外しています。これは第8条2項及び第35条2項の「災害予防事項」よりも狭い範囲の内容です。

2）災対基本法10条は「防災に関する事務の処理については、他の法律に特別の定めがある場合を除くほか、この法律の定めるところによる」と規定しています。なお、法38条及び法41条・42条では、他の法令に基づく「防災に関連する計画」などが災害対策基本法に基づく各防災計画と矛盾、抵触することを禁じていますが、10条規定により防災計画が狭義の内容に収まっているので、これにより総合性を担保することにはなりません。

3）2013年6月の災害対策基本法の改正では、新たに「地区防災計画」に関する規定が第42条3項及び42条の2として定められました。このなかで、地区居住者等は「地区防災計画」を定めることを市町村（防災会議）に提案でき、市町村は地域防災計画に抵触しない場合には当該計画に「地区防災計画」を定めなければならない、そして、地区居住者等は「地区防災計画」に従い、防災活動を実施するように努めなければならない、と規定されました。これにより法制度上は、コミュニティ防災活動が一層明確に（応急対策という）狭小な行政防災に囲い込まれ、自主性と発展性を失うこととなったといえます。

# 第8章

# 国土交通省における防災施策と防災責任について考える

浜辺友三郎

# 一　はじめに

国民主権の憲法のもとにおいて、第13条で「すべて国民は、個人として尊重される。生命、自由及び幸福追求に対する国民の権利については、公共の福祉に反しない限り、立法その他の国政の上で、最大の尊重を必要とする。」とされているように、とりわけ行政においては国民の生命に関わる安全・安心には最大限の施策を講じる義務を負っています。しかし、今日、さまざまな意味において災害が多発し、しかも同種類の災害が繰り返し発生していることを見るにつけ、行政において国民の安全・安心に関わる施策が、責任感を持っておこなわれているのか疑問に思います。

防災責任を果たすべき国土交通省所管の治水事業などにおいて、巨額の公共事業費を投じながらも、着実な災害防止施策の進捗が遅延し、結果として行政としての防災責任が果たせていない実態となっている原因と、どうすべきかについて考えてみました。

## 二　いわゆる「ダム効果」論の復活について

### Ａ　平成25年台風18号水害と表彰

２０１３年９月、平成25年台風18号による大雨と暴風、突風などにより土砂災害、浸水害、河川の氾濫などが発生しました。淀川水系においても桂川をはじめ各所で床上浸水・床下浸水の水害に見舞われました。気象庁は、９月16日６時10分、台風第18号により記録的な大雨となった滋賀県、京都府、福井県に対し、８月30日から運用を開始したばかりの住民に命を守る行動をとってくださいと呼びかける「大雨特別警報」を発表しました。

２０１４年６月、土木学会は、平成25年台風18号洪水において、淀川水系の７ダムなどの連携操作で桂川下流部の堤防の決壊による壊滅的被害を回避できた全国的にも顕著なダム効果を示すものと認め、表彰をおこないました。

実は、宇治川でも、洪水流量は計画高流量よりも小さかったにもかかわらず、計画高水位を超える水位が宇治で２時間以上、向島で４時間以上、淀で３時間以上も続き、堤防からの漏水が発生していたのです[1]。淀川３支川の洪水ピークがほぼ同時に三川合流点に達して、どの川も危険な状態になりましたが、天ヶ瀬ダムで操作規則に定められた事前放流をおこなわず、計画放流量を４割も超える放流をおこなったことがその大きな原因でした。

この事実を闇にほうむっての表彰でした。

上野鉄男氏（国土問題研究会）は、「天ヶ瀬ダムの予備放流をしておれば、6時から11時までの間の840m³／sを超える放流を避けることができたことは、明らかである。洪水調節計画よりも大きな流量のピークを約3時間も遅らせて放流した。予備放流をしておれば、洪水調節計画どおりの洪水調節は可能であったので、台風18号洪水時の洪水調節には大きな問題があると言える」と指摘しています[2)]。

操作規則による「予備放流」をなぜしなかったかについて、国土交通省は「予備放流は降雨予測の結果、洪水調節が必要と認められなかったことから実施しなかった」と回答しています。回答どおり操作規則を無視しても良い判断根拠があったのか、他に理由があるのか真相はわかりませんが、人為的な判断で危険な状態に至ったことの責任を棚上げして表彰を受ける

表1　「天ヶ瀬ダム操作規則」から

（予備放流水位）
第9条
　洪水期における予備放流水位は、標高58.0メートルとする。

（予備放流）
第15条
　所長は、洪水期において、水位が予備放流水位を超えている場合に、洪水調節を行う必要が生ずると認めるときは、水位を予備放流水位に低下させるため、毎秒840立方メートルの水量を限度として、ダムから放流を行うものとする。ただし、気象、水象その他の状況により特に必要と認めるときには、当該限度にかかわらず、下流に支障を与えない限度の流量を限度として、ダムから放流を行うことができる。

というのは不可解なことです。

なお、２０１４年5月15日、ダム工学会は、「平成25年台風18号出水における日吉ダム洪水調節操作」についてのみ技術賞をだしています。表彰するにあたっては、通常、推薦が必要であるので、今回の土木学会の表彰には何か意図が感じられます。

## Ｂ　国土交通省のダム効果発表姿勢と誤信した自治体の根本的なミス

２０１５年9月の平成27年台風18号の影響で、利根川水系鬼怒川下流部での堤防決壊などにより、常総市の中心部を含む広い地域が水没する災害が発生しました。国土交通省は災害発生から1週間後に、「鬼怒川上流ダム群（4ダム）の効果」を試算し、「四つのダムがなければ、決壊地点付近でさらに約30センチメートル水位が高くなったと試算され、常総市域で溢れた水量は、約2倍の約６２００万立方メートルと試算され、被害がさらに拡大したと推定されます」と発表しています。

国土交通省によるダム調節効果の発表は、ダム操作中の現場を見ずにダム効果の理解をはかるためには、大雨が降った際にダム調節効果をシミュレーションして発表することだとして着目されました。シミュレーションは、近年、コンピューター性能と技術が向上し簡単に可能となったこともあり、国土交通省直轄管理だけでなく府県管理のダムにおいても、洪水の有無を問わずおこなわれています。

この鬼怒川下流部における水害について、国土交通省は原因に関する見解を明らかにしていません。

一方、東京大学の調査団報告では、越水地点は若宮戸、左岸25キロメートル付近、破堤・決壊地点は三坂町、左岸21キロメートル付近だとし、破堤の要因については、「破堤側（左岸）の堤体盛土の下は沖積砂質土が広く分布しており、比較的不安定である。破堤地点付近は旧河道上に位置しており、古来から河道の付替えを繰り返してきた地域である。なぜこの地域で浸透が起きていたのかについては、左岸の堤体盛り土の直下は浸透現象が起こりやすい沖積砂質土が多く含まれているためだと考えられる。その砂質土の由来は、旧河道の付け替えにある可能性も考えられる」と述べています。

越水、破堤・決壊地点付近は、国土交通省下館河川事務所が公表している「平成27年度直轄河川重要水防箇所一覧表」に、越水地点辺りの左岸25キロメートル付近、破堤・決壊地点辺りの左岸21キロメートル付近とも「重要度、種別・堤防高、階級・A」「重要なる理由・計算水位が現況堤防高以上」などと記されているところです。つまり、危険だと認知されていた箇所でした。

常総市が策定した「ハザードマップ」では、常総市役所付近は「1・0メートル～2・0

メートル（浸水想定１・０メートル〜２・０メートル）」となっています。危険性を確認できる立場にあった常総市自身が防災拠点と位置づけていた常総市役所の庁舎そのものが、水没、電源喪失し、機能不全になりました。しかもこの市役所庁舎は、２０１４年11月末に竣工したばかりで、市は、建設に当たっての基本方針のなかに「安全性の高い施設　防災拠点としての高い耐震性の確保」をかかげていましたが、水害後のインタビューで市長は、震災対策を重点にし水害は念頭になかったむねの発言をしています。なぜ自ら策定したハザードマップを無視してしまったのでしょうか。鬼怒川水系上流に４ダム群が完成し、治水については国に任せておけば大丈夫だとの誤信があったとしか根拠の見いだしようがありません。

## C　ダム効果発表の陰に見る公共事業予算の拡大を求める力

公共事業予算額は１９９５年をピークに２００８年には半減以下の47・４％となりました。日本の建設投資額全体でみると、１９９２年の83・97兆円（政府32・33兆円、民間51・64兆円）をピークに２０１０年には41・92兆円（政府17・98兆円、民間23・94兆円）と半減し、２０１４年の見込額では51・３兆円（政府23・５兆円、民間27・８兆円）と上向いてきています。このうち政府関係の投資額のピークは阪神・淡路大震災発生の年の

１９９５年35・19兆円で、底は２００８年16・71兆円でした。

２００９年９月政権交代により鳩山民主党政権が発足し、２０１２年12月自公による第２次安倍内閣となりました。表２のとおり２００９年以降の政府関係投資額は、増額で推移しています。ちなみに２０１１年３月11日には東日本大震災が発生しました。第２次安倍内閣では「アベノミクス」と称する経済政策を掲げ、３本の矢のうち第２の矢の「機動的な財政政策」のなかで、国土強靭化の名のもと、大規模な公共投資を打ち出しました。

背景に何があるか、つぎの二つの報道記事が注目されます。

２０１３年11月、野田毅衆院議員ら自民党の幹部が、麻生財務相を訪ね「公共事業費を減らすと、地方の支持率が下がる。民主党と同じ道を歩むことになる」と詰め寄った[3)]。「改革派を気取る安倍政権だが、その裏では公共事業に巨額の税金をつぎ込み、業界を集票マシンに仕立てている。それでも、これまでは震災復興とか、国土強靭化などを大義にし

表２　建設投資額推移（単位：億円）　国土交通省統計から

| 年度 | 2005 | 2006 | 2007 | 2008 | 2009 |
|---|---|---|---|---|---|
| 総計 | 515,676 | 513,281 | 476,961 | 481,517 | 429,649 |
| 政府 | 189,738 | 177,965 | 169,463 | 167,177 | 179,348 |
| 民間 | 325,938 | 335,316 | 307,498 | 314,340 | 250,301 |

| 年度 | 2010 | 2011 | 2012 | 2013 | 2014 |
|---|---|---|---|---|---|
| 総計 | 419,282 | 432,923 | 452,914 | 512,900 | 513,000 |
| 政府 | 179,820 | 186,108 | 197,170 | 225,500 | 235,000 |
| 民間 | 239,462 | 246,815 | 255,744 | 287,400 | 278,000 |

てきたが、いよいよ、その本性をあからさまにしたのが二階総務会長人事である。二階氏の力の源泉は経産相や運輸相を歴任、官僚を仕切ってきただけでなく、手下に脇雅史参院自民党幹事長や佐藤信秋氏（参院比例）、福井照氏（高知１区）らの国交省ＯＢ議員を従えていること。それをバックに交通量が極めて少ない無料の自動車専用道路、二階バイパスなどをつくってきたが、党三役になったことで、とんでもない構想が現実になるとみられている」[4]

## 三　巨費を投じたわりに進まぬ安全・安心な国土の建設

### A　国がすすめる防災対策の方向に問題はないか
### ～ダム事業による他の治水対策遅延の例

#### ❶　予算配分に占めるダム事業費の割合

国土交通省の治水事業等関係予算に占める河川事業費とダム事業費の割合は、水管理・国土保全局関係予算配分で見てみますと、２０１５年度は河川53・７％、ダム30・９％、民主党政権最後の年の２０１２年度は河川55・１％、ダム30・２％となっており、ダム事業費の占める割合が決して低くないことを示しています。

表3は、2015年度の国土交通省直轄の河川関係事業費のうち関東地方整備局が発表している資料から利根川(江戸川含む)水系に関わる部分を抜き出したものです。ダム事業116・85億円(同25・6%)のうち、ほとんどが再開されている八ッ場ダム建設事業費で110・33億円となっており、その巨額さが一目瞭然です。

表3
利根川(江戸川含む)水系に関わる事業費

| | 億円 | 割合 |
|---|---|---|
| 河川事業費 | 310.89 | 68.1% |
| ダム事業 | 116.85 | 25.6% |
| 砂防事業 | 28.97 | 6.3% |
| 計 | 456.71 | 100.0% |

※関東地方整備局発表

## ❷ 予算不足で遅々として進まぬ鬼怒川水系治水事業

先に紹介した河川関係事業費310・89億円のうち、今回洪水被害を受けた鬼怒川直轄河川改修事業費は10・08億円と桁違いの少額となっています。事業内容は、高さや幅が足りない堤防の整備で鬼怒川下流の右岸常総市坂手町地先、左岸中妻町地先、左岸三坂町地先外(用地取得含む)においておこなう、他に鬼怒川上流左岸の桑島町地先(宇都宮市)において水衝部対策として低水護岸の整備をおこなうというものです。

2012年1月11日に開催された関東地方整備局事業再評価委員会に提出された「鬼怒川直轄河川改修事業」に関する報告には、「事業の進捗状況、2010(平成22)年度末現在、堤防の完成延長は約83・2キロメートル（約48％）。今後の改修方針、概ね20〜30年間の整備内容。人口、資産が集中している鬼怒川下流部の約３〜20キロメートルを先行し、堤防の高さや幅が不足する箇所の築堤や老朽樋管の改修を実施すると共に、約20〜45キロメートルにおいても堤防の高さや幅が不足する箇所の築堤等を実施します。このことにより、概ね１／30規模相当の洪水に対する安全を確保します」としています。５年経過した今日でも遅々として進まず、結果今回の水害となってしまいました。

### Ｂ　完成しないと上がらぬ効果　着実に安全率をあげる施策の方向は

国の施策のなかには、巨額の予算を使い、そのために完成までに長期間を要するとともに完成しないとその効果を発揮しないものがあります。こと安全・安心に関わる防災施策については、予算の執行とともに着実に安全度もあげていくことが大切ではないでしょうか。

個々の事業の是非を棚上げしておいても次のような問題例があります。

治水事業におけるダム建設は、巨額の建設費用が他の着実に効果をあげる堤防強化などの事業費に大きな支障をあたえます。

スーパー堤防とよばれている、堤防の幅を高さの約30倍広くして破堤を防ぐ目的の高規格堤防整備事業は、財産集積地をかかえる首都圏と近畿圏にある利根川、江戸川、荒川、多摩川、淀川、大和川の6河川で1987年から実施されてきましたが、巨額の費用を必要とする上、複雑な権利関係の調整などもあり、完成まで400年必要ともいわれています。事業をすすめる国土交通省の報告に対して調査をおこなった会計検査院は、「高規格堤防の整備率を算出すると1・1%となった。一方、計画規模の洪水に対して越水しない堤防となるよう通常堤防が整備されているが、要整備区間における通常堤防の完成堤防の割合は64・4%となっており、整備が完了している河川はなく、また、堤防強化対策が必要とされた区間において堤防強化対策が完了している河川もなかった。」「高規格堤防整備事業が、その整備に相当程度の期間と費用を要する事業である一方で、通常堤防の整備や堤防強化対策は、治水上、早期の完成が望まれることから、通常堤防の整備や堤防強化対策の優先的な実施を検討すること」と国会報告しています[5)]。高規格堤防整備事業は、民主党政権の事業仕分けで一旦中止となりましたが、一部復活しているだけにまだまだ目をひからせる必要のある事業です。

国土交通省は、1979年以来、総合的な治水対策を推進してきていますが、河川の氾濫防止を前提として被害を最小限にするための施策となっています。それは、河道改修、堤防・高潮堤、調節池、排水機場、分水路などの治水施設の整備と、流域における対策として、雨水貯留施設などの保水・遊水機能の維持・増大や水害に対する安全な土地利用などで都市化した河川流域を浸水被害から守ろうというもので、２０００年代に入り、都市河川だけでなく、すべての河川へと広げる方向となってきています。

しかし、河川における対応だけでは、完全にその氾濫を防止できません。国として防災責任を果たすためには、氾濫があることを前提として、流域の特性に応じながら、上流の森林や水田の保全、氾濫域と想定される土地を住居として利用しないという規制強化などと一体での総合的な治水対策を実施することが必要です。そのためには国土交通省の管轄にとらわれず、農林水産省などと連携する、タテ割り行政を排した対策をおこなうことや、計画立案と実施に当たって情報公開を徹底し流域住民との共同ですすめることも、あとで紹介する淀川流域委員会の経験からも大切です。

## 四　技術官僚集団の功罪と従属下の出先機関職員の苦悩

### Ａ　住民とともにすすめる河川管理・河川整備を追求した淀川水系流域委員会

１９９７年６月の河川法改正により、「治水」「利水」の河川事業に、「河川環境の整備と保全」と「住民手続き」が加わりました。住民手続きには、地域の意見を反映した河川整備計画制度が導入されました。これを受けて、淀川水系を管理する国土交通省近畿地方整備局は、これまでの「工事実施基本計画」に代わって、長期的な河川整備の基本となるべき方針を示す「河川整備基本方針」と、今後20～30年間の具体的な河川整備の内容を示す「河川整備計画」の策定に着手しました。導入された、地方公共団体の長、地域住民等の意見を反映する手続きに従い、準備会議（２０００年７月）を経て、２００１年２月１日に淀川水系流域委員会が設置されました。

この淀川水系流域委員会は、独立性と透明性、お墨付きを与える諮問機関でない、決定の前に意見を聴取する、などの点で画期的とも言うべきものでした。社会の要請に応えようとする河川管理者・近畿地方整備局と、当局の真摯な姿勢を信頼して胸筋を開いた学者・住民との二人三脚で、全国的にも注目を浴びる委員会となりました。しかし、やがてダム建設に否定的な方向に進み出すと、本省河川局あげての活動停止攻撃を受け委員会はつぶされてしまいます。

それでも淀川水系流域委員会は発足から約４年間、多くの実績をあげたと言えます。

## B　防災責任にもめざめた淀川水系流域委員会スタート時の国土交通省職員の目の輝き

淀川水系流域委員会の誕生には、技術官僚である宮本博司氏の存在が欠かせません。

1997年の河川法の改正の趣旨を文字どおり実行するため、近畿地方整備局淀川河川事務所長に就任するや、淀川水系の河川整備計画に市民らの意見を反映させる流域委員会づくりに奔走し2001年にスタートさせます。

この淀川水系流域委員会設置について宮本氏は新聞インタビュー記事で「お手盛りの委員会では意味がないので委員の選任から学者や弁護士らに頼み、事務局も民間に置きました。情報公開は当然で、役所は資料を出して説明するだけ。提言の原案も委員が書くことにしました。当時の次官も了解し、『面白いじゃないか』と河川局で評判でした。国交省の各地の出先から見学にきたほどです」と語っています。

宮本氏は淀川河川事務所長のあと直属の上部機関である近畿地方整備局河川部長に就任しますが、職員に「隠さない、ごまかさない、逃げない、うそをつかない、このあたり前のことだけはきっちり守っていこう」と明確な言葉で方針を示しました。

こうして、淀川水系流域委員会では現状の共有化や課題の共有化を図ることにより、委員、住民、マスコミ、さらに河川管理者自身が変わっていきます。役所の側も、最大限の情報の公開につとめるとともに、疑問・質問にも真摯な対応をおこなおうと努力していました。淀川河川事務所の職員は通常業務に加えて、流域委員会の進行に伴う地域・諸団体への説明をおこなうために、役所上げての体制を組み、それぞれの職務の専門分野を超えて頭も体も全開ででかけていきました。当時、淀川河川事務所の職員に出会うと、忙しくて大変ですとはいいながらも、住民からの信頼に応え住民とともにおこなう業務に人生のやりがいをも感じ、目を輝かせていたのを覚えています。

### C　虎の尾を踏まれた利権集団上げての反撃

淀川水系流域委員会は2003年1月、ダムのあり方について、「計画・工事中のものを含め、ダムは、自然環境に及ぼす影響が大きいことなどのため、原則として建設しないものとし、考えうるすべての実行可能な代替案の検討のもとで、ダム以外に実行可能で有効な方法がないということが客観的に認められ、かつ住民団体・地域組織などを含む住民の社会的合意が得られた場合にかぎり建設するものとする」との提言をまとめました。

この提言を「脱ダム宣言」と受け取ったダム推進派首長や、他河川への波及も恐れる本省河川局は危機感をつのらせました。その後、今まで淀川水系流域委員会の独立性を尊重する中心人物であった宮本氏を業務系列外の本省防災課長に転出させた上、後任の河川部長に、大戸川ダム、余野川ダムの2ダムは中止、川上ダム、丹生ダムは規模縮小ながらも事業継続とすると、淀川水系流域委員会への連絡もせずに、マスコミに発表させます。淀川水系流域委員会の提言は、ダム建設に固執する政官業学のいわゆる「ダムむら」ともいうべき運命共同体にとって、その虎の尾を踏むに等しいものだったのかもしれません。

その後、国土交通省本省による従来型のダム建設から転換させまいとする指示が継続、ともすれば強化されるもとで、出先機関にはたらく職員は、ますます国民との板挟みに苦しむことになります。

## Ｄ　出先機関職員の苦悩と内部の牽制機構としての役割の発揮

国土交通省管理職ユニオンという、管理職員で構成する労働組合が、パワハラ撲滅運動を展開しています。２０１４年度に取り組んだアンケートでは、パワハラを過去に受けたことがあった32％、現在も受けている１％、周りでパワハラを見たことがある21％と回答しており、実に54％がパワハラを経験したか知っていると回答しています。

多くの出先機関職員は、主に次のような理由により、上部機関の指示に唯々諾々と従わざるをえなくさせられています。

ａ　人事権を持つ上部機関が指示・命令することにはなかなか逆らえません。近年、上司・組織の意向にそってどれだけ業務をこなしたかが評価される人事考課が強められています。そのため、所得と地位のアップを最優先で願う上昇志向の強い職員ほど、問題があっても上司の意向を率先して実行し、部下にも実行を強いる傾向となります。労働組合弾圧の歴史的経過から反骨精神を発揮する職員も伝統的に少なくはありませんが、責任ある部署からは外される傾向にあります。

b　基礎的業務に忙殺されるなかで、住民の多様な声を聞く体制も時間的余裕も与えられず、物言わず上司・上部機関の指示をこなすだけで精一杯という実態があります。現場に近い部門ほど住民の切実な状況に身近に感じて苦悩することとなり、若い技術者の退職、病欠者が増加しているとともに管理職での自殺者も相次いでており、深刻です。

c　職員の業務がマネージメント化して現場からどんどん離される傾向にあり、その結果技術力が低下して、自らの判断ができず命令を聞くだけの状態になっています。

d　大規模新規事業や大事故などが起こった際の原因究明と対策に、学者・研究者による委員会を設置する場合があります。通常、上部機関にはかりながら選考をすすめますが、役所の意向に沿って結論をだしてもらえる人物を委員長にすえ、権威をもたせて事業執行をすすめますので、出先では異議を唱えることが困難になります。

e　役所における起案・決裁文書の作成という仕事の性格は、研究論文のように科学的に結論に至るのではなく、事前の打ち合わせにそって結論が先にあり、その結論に向かって、法令・規則などで定められた書式に則って、都合の良い理由や証拠を逆算で集めて、故にこの結論になったとする結果合わせ作業が中心で、こうした書類作りに習熟しているものほど事務能力が高く評価されます。専門家による鑑定書や技術関係部署では前述の「委員会」の答申も信用性を高くする根拠として使われます。

このような上部機関の意向にそうような組織においては、牽《けん》制《せい》機構といって組織内部において、ダメなことはダメだとき

囲み記事

**学者・研究者の動きで朗報！**

ＪＲ大阪駅から真北にあたる堤防にそって、阪神高速道路淀川左岸線２期事業が計画されています。堤防縦断方向に、道路構造物と堤防とを一体構造とした高速道路を建設する予定で、事業者と河川管理者が事務局となり学者・研究者による技術検討委員会が設置されています。道路予定地にあたる環境を守る会では、道路計画の内容を知りたいと当局とかけあいますが、情報公開請求をしても技術検討委員会での検討内容も黒塗りばかりでした。不服申し立てや審査請求や開示処分取り消し裁判などを通じて、先ごろようやく一定部分が明らかになりました。

道路構造物と堤防との一体構造は、東日本大震災を受けて、安全・安心の根本が問われる問題でもあることから委員会の運営や委員の発言が注目されるものでしたが、公開された資料から委員長の無責任さが露呈するとともに、委員として参加している技術者・研究者は、その良心を貫き、委員会で問題点を明らかにしてきたことが、議事録から明らかになりました。

ちっと意見表明をするものの存在が重要です。個人では困難な場合が多いため、労働組合が国土交通省の組織内部での牽制機構の役割を発揮しようと活動しています。一般職員で組織する国土交通労働組合建設部門も、国土交通省管理職ユニオンも、仕事に関する提言を発表し、国民本位の公共事業をすすめる取り組みをすすめています。

事業執行の場では、住民の前で、心ならずも当局を代表してにくまれる説明をしなければならない立場にある管理職員ですが、国土交通省管理職ユニオンの提言のなかに、国民目線の立場から精一杯応えようということが端的にわかる次のような部分があります。

「国民目線から（見直しが）必要な課題とは、政党や特定議員から要望される事業、地域住民と合意形成されていない事業、予算の完全執行ありきの体質、本省や一部幹部の思いつき事業、重複した工事・業務発注（などの防止・廃絶）、弱体化した建設業の体質強化、技術力向上が品質の向上・安全・安心に直結！」（カッコは筆者挿入）などをあげています。また「国民との信頼を築くのには」として、「必要なのは、国民のための行政ができているか？　だ。命・財産・安全・安心を守る。それだけではない、建設業界と建設業に働く労働者からの信頼も必要だ！　そのためにも、国土交通省の体質改善は急務である」と訴えています。

## 五　結び　下からの強い力のベクトルで防災責任を貫くものに

ムダな公共事業を中止させようと世論が高まっていましたが、異常気象のせいとされがちな災害の多発、民主党政権による混乱と失敗により、再び無責任な大規模「防災」工事推進、安全・安心より目先の経済優先の空気が社会をただよいだしています。

政策決定をおこなう政府内部の各行政機関と個別の事業を企画し執行する機関に対し、下からの強い力のベクトルを与えるためには、マスコミを含めて世論のバックアップのもと、共通項での国民運動を視野に入れた住民運動を活発に展開する必要があります。同時に地方議会議員や国会議員の理解を深める取り組みなどを通じて国政などのチェック機能の役割を高めることが大切だと考えます。

また、住民の立場に沿って科学的な根拠を明確に示す学者・研究者の役割も重要です。彼らが企業や国家機関から独立した自由な研究に基づいた安全・安心最優先の世論を喚起するために努力できるようにしていくことも必要です。

安全・安心が大切だと人間として本来もっている思いを大きなよりどころにして、国やその関係者が防災責任を果たすように、また果たせるようにできればと願っています。

【参考文献】
1）2）『国土問題』77号59頁「2013年台風18号による淀川水系の洪水とダムによる洪水調節」、2015年5月。
3）「産経ニュース」、2013年12月25日。
4）「日刊ゲンダイ」、2014年9月4日。
5）「大規模な治水事業（ダム、放水路・導水路等）に関する会計検査の結果についての報告書」、2012年1月。

# 第9章

# 減災と復興のあり方……大震災に学ぶ

室崎　益輝

阪神・淡路大震災や東日本大震災によって、日本の都市計画のあり方が厳しく問われました。そのあり方は、一方で「被災という実態」から、他方で「復興という過程」から問われています。そこでここでは、震災で問われた都市計画や復興事業の問題点を、「減災」と「復興」というキーワードに照らしながら、考察します。

## 一　大震災が問いかけた都市の脆弱性

減災や復興のあるべき姿を論じる前に、大震災によって問われた都市の問題点を明らかにしておきます。大きな被害がもたらされた原因は、地震動や津波の破壊力が甚大であったことに加えて、都市の体質が極めて脆弱であったことにあります。その都市の脆弱性は、土地利用、空間構成、施設構造、社会体質などにみることができます。土地利用では、地盤や地形からして災害危険の高い場所に不用意に市街地をつくっていました。空間構成では、冗長性や緩衝性のない過密で無秩序な空間が広範に形成されていました。施設構造では、地震や津波あるいは火災などに対する抵抗力のない建物や施設が野放しになっていました。最後の社会体質では、経済性を優先するあまりに安全性を軽視する社会風潮が蔓延していました。

ところで、こうした都市の脆弱性は、戦後日本における急激な都市化のなかで醸成されています。一方での「防災軽視の都市開発」、他方での「未熟不全の都市防災」が、都市だけでなくその対極にある集落をも含めて、災害に弱いものにしています。東京を含む太平洋ベルト地帯への過度の人口集中は、歴史文化の崩壊、コミュニティの衰退、自然環境の破壊などを引き起こして、地域社会を災害に弱いものにしています。効率性を求めての人口の集中や都市の拡大は、生活基盤の整備を疎かにした形で、過密で乱雑な市街地を生みだし、職住分離あるいは老若分離という形で、高齢者だけが取り残される市街地を生みだしました。その過密で高齢者が取り残された市街地を、阪神・淡路大震災は襲ったのです。その結果、老朽化していた住宅が脆くも倒壊し、過密すぎる市街地は火の海となり、取り残された高齢者が選ばれて犠牲になったのです。

## 二　被災の原因としての都市防災の欠陥

上述の危険極まりない都市開発に対して、有効な防災対策が講じられていません。防災対策の未熟や欠陥が被害を許しているのです。その欠陥は、実効性、体系性、科学性、戦略性、協働性が欠落していたという、「五つの欠如」で説明することができます。

## A　実効性の欠如

実効性の欠落というのは、多大な労力や資金を防災に費やしているにもかかわらず、それに見合う効果が出ていないということです。効果が出ていないのは、その対策が的外れであり、またその実行がいい加減になっているからです。「的外れ」というのは、現代の危機の根源が理解できていない、あるいは個々の災害の原因が理解できていないため、その根源にメスを入れること、その原因に的を向けることができていない、ということです。先に述べたような社会の脆弱性にこそメスを入れなければならないのに、それができていないのです。衰弱していくコミュニティをいかに再生するか、自然を極度に破壊してきた乱開発をいかに食い止めるか、経済優先安全軽視の成長政策をいかに転換するかといった視野がなければ、いくらお金をかけて対策を講じても効果が上がりません。

「いい加減」というのは、絵に描いた餅になっているということです。それは、実現不可能な対策が掲げられているか、対策を実現する努力が疎かにされているかのどちらかです。何時までに誰がどのようにして実現するのかが明確に示されていなければならないし、その実行が適切におこなわれているかどうかの点検を疎かにしてはなりません。「都市の不燃化をはかる、建物の耐震化をはかる」という目標を掲げるだけでは駄目で、それをいかに推進し実現するかの道筋を明らかにして実行しなければならないのです。目標管理や実行管理が欠かせないということです。

目標を立て計画を立て実行をはかり、その到達度をチェックして必要な改善をはかるといった「ＰＤＣＡサイクル」が、わが国の都市防災では残念ながら曖昧にされてきました。その１例を、地震時の大火対策についてみておきましょう。木造密集市街地を抱える大都市で同時多発火災が発生すると、関東大震災のような大火は避けられません。首都直下地震で大火が起きると、１万人をはるかに超える死者が発生すると予測されています。それだけに、リアリティのある大火対策を講じて、火災による死者の低減に努める必要があります。この大火対策として、一方で「密集地をなくして燃えない都市をつくる」、他方で「市民のバケツリレーで消火する」ということが提案されていますが、いずれもリアリティがありません。燃えない都市をつくるまでには時間がかかりすぎるし、バケツリレーでは大火を消し止めることができないからです。

明日にでも起きるかもしれない震災大火に備えるには、炎上火災を少なくするということにターゲットを絞らなくてはならないのです。その炎上火災を減らすには、通電火災を５年以内に１／２にするという計画を立て、その達成に努めなければなりません。そのための有効な手段として、感震ブレーカーの普及があります。といって、市民向けにパンフレットを配っているだけでは普及は進みません。何年かおきに進捗状況をチェックして進んでいなければ、普及の方法を変えなければならないのです。ブレーカーを設置すると火災保険が安くなるといった誘導策と組み合わせるなど、その普及が目標通りに進むまで対策の改善を繰り返さなければならないのです。いずれにしろ、お題目のように「燃えないまちをつくります」と言っているだけでは、安全にたどりつけません。

### B　体系性の欠如

次の体系性の欠落というのは、ハードとソフトの融合といった対策の総合化がなされていないことです。ハードとソフトの関係だけではなく、事前と事後の関係や行政とコミュニティとの関係などを正しく捉えて、被害軽減のための総合的な対策のシステムをつくる必要があります。ところで、事前と事後の関係を見ると、わが国の場合は予防も復興も疎かにした「応急中心の対策システム」が組まれてきました。市町村の地域防災計画を見ると、大半のスペースは応急対策に充てられています。バケツリレーや救助ロボットが好まれるのも、応急至上主義的な「偏った発想」のたまものです。

住宅が倒壊して多くの被災者が出るリスクについて、この事前と事後の関係を考えてみましょう。住宅の防災対策では、応急の救助体制の充実強化に加えてというかそれ以上に、事前の耐震補強と事後の再建支援が車の両輪のように欠かせません。耐震補強というのは、危険な住宅の補修や補強をはかって、住宅倒壊による死者の軽減をはかる対策です。再建支援というのは、公的な資金援助によって住宅の再建をスムースにする対策です。耐震補強では直接被害が軽減でき、再建支援では間接被害が軽減できます。公衆衛生と緊急治療あるいはリハビリを組み合わせるように、住宅の被害軽減を総合的にはかっていかなければならないのです。

この体系化では、大きな公共と小さな公共というか、都市空間レベルとコミュニティ空間レベルの融合も忘れてなりません。わが国では、幹線道路や都市公園などの大規模インフラに焦点を当てて、防災対策をとらえがちです。ダムや堤防に頼ろうとするのも、大きな公共中心主義のあらわれです。ところが、この大きな公共だけでは真の安全は確保できません。コミュニティの人のつながりが大切と言われるように、路地裏などの小さな公共をよくしなければならないのです。ブロック塀を生け垣に変える、通行障害となる路上駐車をなくす、非常時に備え井戸を再建するといった取り組みが、真の安全には欠かせません。地域に密着したまちづくり、住民主体のまちづくりが欠かせないのです。

最近、国土の強靭化ということが強調されています。これはアメリカの「National Resilience（国民の協働による柔らかな防災）」の誤訳というか身勝手な訳ですが、それはさておき、大きな公共としての国土レベルの強靭化だけでは駄目で、小さな公共としてのコミュニティレベルの強靭化を曖昧にしてはなりません。

## C　科学性の欠如

科学性の欠落も、大きな問題です。人の命を守るという最も大切な課題に、科学が有効に生かされていない。被害想定においても、リスクマネージメントにおいても、減災技術開発においても、残念なことに科学は正しく生かされていないのです。人工衛星が飛ぶ時代に、市街地大火から命を守る方策としてバケツリレーしかないというのは、あまりにもお粗末です。耐震補強が進まない原因として、安価で簡便な補強法がないという技術の壁が指摘されていますが、これも防災に対する科学的な介入が遅れていることの反映だといえます。通電火災の抑制、家具の転倒防止、震災瓦礫の処理、緊急情報の伝達など、ありとあらゆる面で科学的な支援が求められているのに、それに応えようとする動きは弱い。

東日本大震災では、想定外ということが問題になりました。ここにも科学の欠落というか未熟性が深く関わっています。自然や社会をそう簡単に理解できないので、予知や想定の誤謬や誤差があっても仕方がないのですが、科学者の側の力量や努力あるいはモラルの問題もあって、正しく被害想定やリスクコミュニケーションができておらず、想定外を許す結果となっているのです。ここでも、一例をあげておきましょう。「耐震補強をすると出火件数が減る」という誤った見解が、科学者の側からまことしやかに流布されています。その結果、政府が定めた減災戦略のなかにおいて、「耐震化をすることにより火災と焼死者を減らす」といった間違った方針を提起しています。家屋の倒壊と火災の発生の間には、地震動が激しければ倒壊も出火も多くなるという見かけ上の相関関係があるだけで、因果関係はありません。それを因果関係とはき違えて、誤った対策につなげています。これは、科学というよりも科学者の未熟ゆえの問題だといえるでしょう。

### D　戦略性の欠如

戦略性の欠如というのは、目標達成に向けての運動論的なプログラムが欠落していることを言います。ここでは、優先すべき課題をつかむこと、段階的なプログラムを持つこと、減災や復興の主体を育むことが求められます。例えば、「学校が変われば子どもが変わる、子どもが変われば大人が変わる、大人が変われば地域が変わる」といった、大きな視野を持って、学校とコミュニティの連携をはかる取り組みや、子どもたちへの防災教育を強化する取り組みに力を入れることが求められています。暮らしの作法というか日常的な生活文化の醸成に努めること、市民力の向上というか地域の民主的な人間関係の醸成に努めること、自然との共生というか自然と人間の正しい関係性の醸成に努めることなどは、戦略的観点から欠かすことができません。

東日本大震災の復興では、この戦略性のなさが大きな混乱を招いています。被災者の心身の回復と自立を優先し、その自立を待って復興の議論を始める。被災自治体の支援と再建を優先し、その余力を確保して復興の展開をはかる。住宅よりも産業の再建を優先して、地域社会の自活力をとりもどす。こうした戦略が求められたのに、結果はすべてこの逆になってしまっています。被災者が復興の主体で、その主体が元気になること、そのために被災者に寄り添うことが、復興では欠かせないのです。被災者の力を引きだすことを基本にした施策の展開と戦略が、予防段階においても復興段階においても求められます。

### E　協働性の欠如

最後の協働性の欠落は、行政と市民の正しい関係が確立されていないという問題です。行政主導の防災から市民参画の防災へと移行が求められる時代です。しかし、地域防災会議のメンバーにNPOの代表が入れないなど、企画立案あるいは運営段階への市民の参画は、まだまだ限定的です。東日本大震災での復興計画の立案では、アンケートなどで市民の声が聴かれることはあっても、計画立案の主人公として市民や被災者が加わる場は、ほとんどありませんでした。復興計画は、被災者の復興への切実な思いを形にするものにもかかわらず、その被災者が計画作成の場から排除されるのは、大きな問題です。

阪神・淡路大震災以降、「自助、互助、共助、公助」といったキャッチフレーズで、行政とコミュニティあるいは市民との関係が論じられるようになっています。行政だけでも市民だけでも対応できないために、地域ぐるみの協働や行政と市民の連携が欠かせないという、阪神・淡路大震災の教訓を踏まえてのことです。ところで、この自助や共助が、「権限は行政が保持したまま、責任だけを市民に押し付けるもの」として、語られる傾向があります。「災害時には行政は何もできなくなるので、個々人やコミュニティが頑張らなければならない」、「防災は自己責任が原則で、行政を頼ってはいけない」といった論調がそうです。ここで忘れていけないのは、国や行政の責任を曖昧にしてはいけないということです。行政は市民からの付託を受けており、何よりも権限や財源を持っているので、市民や被災者を援護し救済するという、大きな公的責任を有していることを忘れてなりません。

## 三　減災の考え方と都市防災

次に、「減災」というキーワードに即して、これからの都市防災やまちづくりのあり方を考えることにします。

## A　減災の考え方

減災は、被害をゼロにしようと思うのではなく、少しでも減らそうとすることです。その核心は、第1に規範として自然との共生に心がける、第2に目標としてゼロリスクの立場をとらない、第3に実践として対策の融合に心がける、という点にあります。

自然との共生では、大きな自然に対する小さな人間という関係性を正しくとらえて、自然や災害に真摯に向き合うという自然観が、欠かせません。無理やり自然を押さえつけようとしてはならないのです。自然に対しては柔らかに対処することが基本で、その破壊力に向き合うに際しては、「反らす、和らげる、避ける」ことも視野に入れなければなりません。ゼロリスクの立場をとらないというのは、被害をできるだけ少なくしようと努力はするが、ある程度の被害は避けられないものとして受け入れるということです。例えば、千年に一回の巨大な津波に対しては、人命は絶対に守らないといけないが、家屋が流されるのは仕方がないこととして、回復可能なリスクは受け入れるのです。といって、諦観しろといっているのではありません。保険その他のリスク回避の手立てを講じつつ、社会的合意のもとに、避けられないリスクについては許容するのです。

最後の対策の融合は、被害軽減を少しでもはかるために、多種多様な対策を重ね合わせて、対策の総合化をはかることです。なお、この融合あるいは総合化の必要性は、都市防災の問題点のところですでに指摘したところです。被害の引き算という減災を、対策の足し算ではかるのです。小さな人間でも、できることを着実に積み重ね、互いに協力しあっていけば、大きな自然に立ち向かうことができるという思いが、そこに込められています。この減災の足し算には、事後だけでなく事前を重視するという「時間の足し算」、立場や職種を超えて連携するという「人間の足し算」、国土や都市およびコミュニティレベルの対策を足し合わせるという「空間の足し算」があります。

この最後の空間の足し算は、都市計画のあり方に密接に関わっています。都市レベルや幹線街路レベルの対策と、街区レベルや路地裏レベルの対策を足し合わせることを求めています。大きな公共と小さな公共を足し合わせるのです。堤防をつくったり病院を整備したりすることに加えて、路地に打ち水をしたり防災井戸を整備したりすることが、減災には欠かせないということです。ブロック塀を生垣に変える、違法駐車やごみの放置を許さない、ご近所で日ごろから声を掛け合うといった、身近な公共づくりにも心がけなければなりません。日本の都市や地域社会では、住宅そのものに加えてその周辺環境も、危険なまま放置されています。それだけに、身近な身の回りの環境を整備していくことが、減災の視点からも欠かせません。

## B　減災まちづくり

ところで、二つの大震災を経験して、今までは「防災都市計画事業」と言われていたものが「減災まちづくり」といわれるようになりました。防災が「減災」に、都市が「まち」に、計画事業が「つくり」に置き換わっています。これは、単に言葉だけの問題ではありません。大震災が投げかけた防災の課題に応えるための、質的転換というべき「軸ずらし」をはかろうとしているのです。そこでここでは、この軸ずらしの意味について、もう少し詳しく触れておきます。

最初の「減災」については、すでに説明をしたとおりです。謙虚に災害を縮減しようとする減災への戦略転換を求めています。この減災という足し算では、人間が原始の時代から今日までに築き上げてきた、「諦める、祈る、避ける、逃げる、反らす、和らげる、耐える、退ける」といった多様な減災の知恵と技能を、総合化することが欠かせません。高台移転のような「避ける」対応、防潮堤建設のような「退ける」対応だけが減災の方法ではないことを、強調しておきたいと思います。

次の「まち」は、まさに防災や都市計画に「柔らかさ」が必要だということから、固い漢字ではなく柔らかな平仮名にしています。と同時に、ハードな「街」でもなくソフトな「町」でもない、ハードとソフトの両方の意味合いを持っているということで、「まち」という読み仮名を用いています。すなわち「まち」には、ハードウエアとソフトウエアの足し算を、地域に即して具体化するという意味合いが込められているのです。ハード至上主義の防災、あるいはその裏返しとしてのソフト至上主義の防災に対する戒めとして、「まち」を受け止めなければなりません。この「まち」の取り組みでは、ハードウエアやソフトウエアに加えてヒューマンウエアも必要になります。ヒューマンウエアというのは、人間自身が災害に強くなることを指しています。避難勧告が出ても逃げようとしない状況、事前の防災対策に取り組もうとしない状況が、人間の側に弱点としてあるからです。個人に責任を押し付ける精神主義的なものであってはならないのですが、人間の自然に対する認識や防災に対する意識をまちづくりのなかで高めることが求められます。

最後の「つくり」は、手作りの「つくり」あるいは造り酒屋の「つくり」で、ボトムアップ型の防災や地域密着型の防災への転換を求めています。それまでの防災は、行政主導というかトップダウン型の防災でした。しかし、阪神・淡路大震災で公助あるいはトップダウンには限界があることを学びました。そこから、トップダウンの限界を補完するボトムアップのシステムが強く求められるようになっています。ボトムアップということで、住民の自発性や自律性を引出し、地域に即した細やかな取り組みを促進し、住民が主人公となる減災のシステムを構築しなければなりません。２０１３年の災害対策基本法の改正で、従来の行政主導の「地域防災計画」に加えて、住民主導の「地区防災計画」の策定が奨励されるようになったのは、手作り性のある防災の必要性を強く認識してのことです。

## 四　復興のあり方と都市防災

今、東北の被災地で問われているのは、復興のための都市計画あるいはまちづくりのあり方です。そこで、そもそも「復興」とは何かというところから、そのあり方を考えておきましょう。

### A　復興の概念

広辞苑などの辞書を見ると、復興は「衰えていたものが、再び盛んになること」とあります。ここでは、「衰えていたもの」とは何かが問われます。それは、必ずしも生存基盤の衰退だけをいうのではありません。生活や福祉の衰退もあるし、経済や文化の衰退もあります。さらには、地球環境や生態系の衰退もあります。それらのなかで、何を回復すべき対象と位置づけるかは、時代や社会の状況や要請によって変わってきます。何れにしても、文明論的な視点あるいは社会政策的な視点から、復興の対象を幅広く捉えることが欠かせません。

災害復興に焦点をあて考えると、災害によって衰えたものの回復をはかるのか、それだけでなく災害以前から衰えていたものも含めて回復をはかるのかで、復興の意味づけや復興の目標が変わってきます。比較的小規模の災害では、ただ単に災害で失われたものをもとに戻すという、原状回復的な復旧がはかられます。私は、この原状回復的な復旧を「小さな復興」と呼んでいます。しかし、東日本大震災のような大規模な災害になると、現状に戻すだけでは駄目だという声が大きくなります。仙台の国連防災世界会議で、「Build Back Better」という目標が掲げられたのも、その1例です。量的にも質的にも前よりも進んだ状態に押し上げることを目指さなければなりません。私は、この前よりも盛んにする復興を「大きな復興」と呼んでいます。

この大きな復興では、量よりも質が問われます。というのも、その災害によって、社会が従前から持っていた「衰えとしての社会的矛盾」が顕在化し、その改善をはかることが余儀なくされるからです。表面的な衰えを克服するだけでなく、本質的な衰えを克服することが、復興の課題として突きつけられるのです。復興が軸ずらしであり、世直しであり、レジスタンスであるといわれるのは、質の変化を伴う改革が大きな復興では欠かせないからです。リスボン地震がフランス革命につながり、安政江戸地震が明治維新につながった歴史を見れば、質の変化として復興を位置づけることがいかに大切かわかります。

## B　復興の目標

以上の復興の定義からも明らかですが、復興の第1の目標は、失ったものの回復をはかることにあります。一人ひとりが、そしてコミュニティ全体が、傷をいやし、暮らしを取り戻し、希望を見出すことが復興の基本です。人間復興、生活復興、希望復興がここでは求められます。

第2の目標は、安全で安心できる地域社会をつくることです。2度と同じ悲劇を繰り返さないように、災害に弱い地域構造や社会体質の改善に努めることが求められるということです。ところで、この改善にあたっては、被害をもたらした原因を正しく捉えることが欠かせません。原因の正しい把握が、復興の正しい改善につながるからです。ということでは、地震動や津波といった自然現象だけに原因を求めてはならず、社会の体質や市民の意識などにも厳しくメスを入れなければなりません。

第3の目標は、災害によって顕在化した社会の矛盾や欠陥に向き合って、その克服をはかって新しい社会への扉を開くことです。これは、上述の大きな復興を目指すということに通じます。私は、復興はReconstructionではなくRevitalizationでなければならない、と主張しています。形だけの復興では駄目だ、もとに戻すだけでは駄目だ、新しい生命と精神の息吹を吹き込むものでなければならないと、考えるからです。再生と自立、減災と安心、改革と進歩という三つの目標の達成を、総合的にはかっていくことが、大きな復興あるいは真の復興には求められるのです。安全化をはかることだけが復興の目標ではありません。

## C　復興のプロセス

復興の基本事項の検討の最後に、復興のプロセスについても言及しておきます。復興では、プロセスがとても大切です。復興が、皆の思いを持ち寄って社会をデザインしてゆく運動であり、人々が希望を取り戻し立ち上がっていく過程であるからです。この復興のプロセスに関わって、物語復興と段階復興の二つのキーワードに触れておきます。物語復興は、物語を皆で作っていくように復興を進める、というものです。物語の脚本も皆で書き、物語の実演も皆でおこなうのです。ところで、復興に際して「被災者の声を聞く」と言いつつ、アンケートで安否を問うことがしばしばおこなわれています。しかし、それは本当の意味で被災者の声を聞くことではありません。被災者自身が復興への思いを語りあい、その思いを形にしてゆくプロセスこそ、被災者の声を反映させる道です。復興への思いを語り合える場をどう作るかが、ここでは問われます。

段階復興は、1976年の中国の唐山地震からの復興でも、同じく1976年の酒田大火からの復興でも、1989年のアメリカのサンフランシスコ地震からの復興でも、強調されています。総論から各論へ、自立から展開へ、仮設から本格へ、力を溜める段階から力を発揮する段階へといった形で、その段階的プロセスは語られています。一気にゴールにたどり着こうとせず、戦略的に中間ステージを設定して復興をはかることが、求められます。ところで、この段階論を時間の問題と捉え、短期と長期といった形で論じる傾向があります。しかし、単なる時間の問題として捉えてはなりません。いかなる力を築き上げていくのかという運動の問題、中間ステージとして何を求めるかという戦略の問題として捉える必要があります。

生活の安定をはかることやコミュニティの自治を回復することが、中間ステージでは必須の要件となります。産業基盤の回復や伝統文化の再生も、中間ステージとして欠かせません。さて、この中間段階を戦略的に捉えて追求することを、私は「復興の踊り場の設計」と呼んでいます。東北の復興では、この踊り場が見えにくくなっています。踊り場が見えないことで、復興の進捗感も感じられにくくなり、路頭に迷う状況が生まれているのです。それだけに、「仮設市街地」や「セカンドシティ」といった形で、中間ステージとしての踊り場をデザインすることが、東北の被災地では欠かせません。とりわけ、福島の汚染地域での復興では、この中間ステージが長期に及ぶことを考慮に入れて、被災地外での安定したコミュニティづくりに努めなければなりません。

## 五　被災地の復興とまちづくりの課題

以上の減災や復興の考察を踏まえ、とりわけ復興のプロセスに焦点をあて、東北の復興のあり方を、最後に指摘しておきます。今回の復興について「思いを先に形を後に」ということを、私は繰り返し主張してきました。私が「高台移転は間違いだ」というメッセージを震災直後に発信したのは、一方的に議論もなく「高台移転」や「職住分離」という形を押し付けてはならない、という思いからでした。個々の被災地や被災者によっては、高台移転以外の選択肢があるということを、伝えたかったからです。

復興では被災者の思いを形にするプロセスが大切で、それには被災者相互のそして行政や専門家を加えたコミュニケーションが欠かせません。そして、そのプロセスは「急がば回れ」で、多少の時間がかかっても議論を尽くし、皆が納得できる道筋しかも未来につながる道筋を見出すように努めるべきだと、考えています。無論、時間をかけて合意形成に努めたからといって、正しい結論が引き出されるとは限りません。しかし、時間をかけなければ、皆が納得する正しい結論に行き着くことは難しいのです。ところで、その復興を巡っての議論では、その社会性と安全性について「確かな合意」を取る必要があります。

### A　復興の社会性

復興の概念のところで、災害により顕在化した矛盾に正面から向き合い、そこにある地域の衰えを克服しようとすることが復興だと、述べました。ここでは、いかなる矛盾を克服しようとするのか、いかなる社会を創造しようとするのか、いかなる地域を子孫に残そうとするのかが、厳しく問われることになります。

関東大震災の復興では、脆弱な都市基盤を克服し学校や公園などの公共施設の近代化をはかることが問われました。北但馬地震後の城崎の復興では、温泉を軸とした地域経済の活性化をはかることが問われました。世界大戦後の広島の復興では、核のない平和な社会をつくることが問われました。それでは、今回の東日本大震災では、何が問われているのか、何を目指さなければならないのか。これについての議論が、津波の危険性にかき消されてしまっているのがとても残念です。

何が問われているかといえば、地球環境問題もあるし過疎過密問題もあります。サスティナブルコミュニティという言葉がありますが、持続可能な共生社会をどうつくるかが問われているといっても過言ではありません。自然との共生をはかること、コミュニティの復活をはかること、車依存社会からの脱皮をはかること、第１次産業の再生をはかること、地域に根差した文化を継承することなどが、求められているのです。そのなかで、被災地の東北が自立した地域社会として蘇っていく、このことが今回の復興の基本的な課題なのです。

さて、防災だけでなく教育も福祉も考えなければならない。さらには、文化も経済も考えなければならない。暮らしの総体を考えなければならないのです。その包括的な社会像の議論を踏まえて、そのなかで安全性を正しく位置づけること、そのうえでどこに住むべきかを論じることです。地域の未来像を曖昧にしたままで、安全性だけを論じることは、後世に悔いを残す結果を招きかねない。安全性は、地域の必要条件であっても十分条件でないからです。暮らしの総体という全体性あるいは日常性のなかに、安全性という個別性あるいは非日常性をどう組み込むかという視点が、ここでは求められています。

## Ｂ　復興の安全性

災害後の復興では、災害によって被災地の危険性が強く認識されることから、より安全な場所への移転が目指される場合が多い。火山噴火や土砂災害などで壊滅的被害を受けたケースでは、とりわけそうです。また、地震で山腹崩壊や津波浸水が発生した場合にも、移転がおこなわれています。火山噴火では、1988年の磐梯山の噴火の際の檜原村の例、土砂災害では、2009年の台湾豪雨による土砂災害の際の小林村の例、地震崩壊では、1970年のアンカシュ地震のユンガイの例などがあります。地震津波では、すでにご承知の通り、1896年と1933年の三陸大津波の後の三陸沿岸集落の移転など、数多くの事例があります。

とはいえ、いつの場合でも移転がおこなわれるかというと決してそうではありません。2004年のスマトラの大津波後の、インドネシアのアチェが高台移転をせずに現地再建をはかったことは、よく知られています。日本でも、雲仙の噴火や奥尻の津波の被災地では、大半の地区が高台などへの移転という選択をせずに現地での再建をはかっています。安全性をかさ上げや避難路整備という別の形で確保することができれば、移転以外の選択肢もありうるということを、これらの事例は教えています。

安全な場所に居住することは、必須の要件です。ところで、安全な場所を確保する方法としては、さまざまな選択肢があります。高台移転だけが答ではありません。現住地を放棄して安全な他の場所に移り住む選択肢もあれば、危険な現住地を改造して安全な場所とし住み続けるという選択肢もあります。さらに移転再建といっても、遠隔地移転もあれば近接地移転もあり、集団移転もあれば個別移転もあります。他方、現地再建といっても、元の場所での再建もあれば別の場所での再建もあります。現地のなかの安全な場所に集約化する再建もあります。

つまり、再建といっても多様な選択肢があるのです。この場合に、それぞれのメリットとデメリットを正しく見極め、最適な選択をするようにしなければなりません。安全性から見てどうなのか、建設費からみてどうなのか、建設期間からみてどうなのか、コミュニティからみてどうなのか、雇用確保からみてどうなのか、環境共生からみてどうなのか、そして何よりも暮らしの継続という面からみてどうなのかを、よく考えなければならないのです。安全を狭く考えてはいけません。

この安全を狭く考えないということでは、多様なリスクを総合的に考えることが肝要です。海に危険があるように山にも危険があることを忘れてならないし、自然災害だけでなく社会災害もあることを忘れてならないのです。また、移転の進め方があまりにも強引で、コミュニティが崩壊してしまうと、支えあうことのできない社会が生まれてしまい、犯罪の激化などを招きかねないことも忘れてなりません。私は、アメニテイがあってコミュニティがあってこそセキュリテイが保たれると考えています。安全の要件としてのアメニテイヤコミュニティの大切さを見落としてならないのです。

この移転の是非を問う時に、故郷の持つ意味を考えることを忘れてなりません。土地と結びついた生活慣習や伝統文化などを軽んじてはなりません。祖先への思いやりも大切です。多大な社会的犠牲を払っても、福島の原発被災者の皆さんに「故郷に帰る選択肢」を確保しなければならないのは、この故郷とのつながりが極めて重い意味を持っているからです。

# 第10章

# 災害が変わってきた、増えてきた

## これからも日本列島に住むわたし——どうしよう

志岐 常正

# 一　はじめに

ここに掲げた題目は、表現は違いますが、この本の課題そのものです。その内容は、終章として、上の諸章のまとめであるべきでしょう。しかし、ここでは、あえてそれらの章とは少し違う視点から、また、これまで一般にあまり扱われていない問題や、良く理解されていないと思われる問題に注目し、それらを羅列的に取り上げて、現代と未来の災害・防災問題を考えたいと思います。

なお、一口に災害と言っても多種多様です。昔は一般に災害というと、今で言う自然災害を指しました。自然の動きが、要因として直接的に重要な役割を果たすものに注目したわけです。一方、人間の不注意や過ち、意図的な行為によって起こり、拡大する災害を人災と呼んできました[1]。以下の記述では、災害の要因を次のように別けています。実際には、これらは複合して働きます。

**自然的素因、社会的素因、自然的直接因（誘因）、社会的直接因（誘因）**

## 二　何が起こっている？

### A　災害は昔から起こった

近年、〝災害が頻発する。どうも何か変だ。何故だ〟と思っている人は少なくないでしょう。確かに最近の災害の起こり方は異常です。しかし、実は、災害が何故起こるか、その機構は、大昔から根本的には変わっていません。たとえば大洪水が流れても、そこに人がいなければ災害は起こらないという意味では、災害は自然現象でなく社会現象です。このことは人間社会が生まれてから、ずっと変わりません。

一方、災害の起こり方は時代とともに変わることも事実です。では、近年、何

**囲み記事**

中東に「ノアの洪水」という神話があります。チグリス・ユーフラテス流域に文明が発達した時代は、最後の氷河期が終わってから今までで一番の温暖期でした。この時期に、その後は起こらなかったような巨大な洪水が広く平野を襲ったということは、ありそうなことです。中国の中原での黄河の氾濫を、禹が治めたという話も同様です。なお、チグリス・ユーフラテスの場合は、都市文明の発展が、樹木の乱伐による自然の砂漠化を招いたことが指摘されています。自然的要因と社会的要因とが絡み合ったわけです。文明の発展自体が災害発生の社会的素因となった例は、歴史上、あちこちに見られます。しかし、人間はそれを教訓としませんでした。21世紀の今も、懲りない人々が〝前者の轍〟を突き進んでいます。歴史の教訓の無視、これが現代の災害問題の、一つの、本質的に重要な要素です。

がどう変わったのでしょうか。以下、これを自然的要因と社会的要因に分けて見てみます。

## B　自然的要因の増大

このところ、激しい気象現象が直接因となる災害（気象災害）が増えてきました。世界各地では干ばつも起こっていますが、日本では、記録的豪雨による洪水や土石流災害があちこちで起きています。地球環境の〝温暖化〟、つまり地球の大気圏と水圏にエネルギーが蓄積している結果に違いありません。最近の研究によれば、西太平洋一帯が温暖化すれば、日本にやってくる台風の数は少なくなる一方、巨大な台風がくるようになるとのことです。なお、〝温暖化〟には人間の活動、とくに二酸化炭素その他の温室効果ガスの排出が重大な役割を果たしていることは否定できません。人間がつくった社会的素因が自然的要因を増大させているわけです。

一方、地震や火山の活動は、どうも太平洋の周りやアジア大陸の一部で活発化しています。「日本列島は、兵庫県南部地震以来地震の活動期に入った。それは次の南海大地震まで続く」と言われます。今になって思えば、戦後の日本の復興と、経済成長の数十年は、地殻変動の静穏期にあたっていたのでした。

今や災害に関わる自然環境は変わりました。何をするにも、「低頻度巨大自然現象」[用)]

に会うことを覚悟しておかなければなりません。

## C　社会的素因の増大

災害の社会的素因のなかには、Aで触れたように、人間の発生以来の、言うならば宿命のような要素もあると思います。しかし、社会の発展とともに、災害の起こり方が〝進化〟してきたことも事実です。産業革命以来の科学・技術の発展は、防災技術を高める一方、新しい災害を生みだしてきました。たとえば、ダムや堤防に頼る治水は、想定外の豪雨や出水によって破綻すれば、近世には起こらなかったような大被害の原因になります。技術を駆使した現代都市は、高度化すればするほど、甚大な被害を生じやすくなりました。この流れは今も続いています。名前を付ければ「開発災害」、「文明災害」のさらなる発展です。この点で、最近の日本の災害リスク形成は、一時の〝無駄な公共事業〟抑制を経て、今これまでとは、また違う面を見せはじめています。一つはその規模の拡大が飛躍的であることです。1990年代から2000年代はじめにかけての　東京オリンピック招致やリニア新幹線の建設による災害リスクなどはその典型例と言えましょう[2]。そもそも東京や大阪のメガロポリス市街は、その在り方がすでに異常です。巨大な素因が社会的につくられているところに、地震その他の巨大な自然的直接因が働いたらどうなるか、大変に心配です。

もう一つ、今とくに心配なのは、社会の防災力の低下です。世界的にも巨万の富を築く者がある一方、貧困、饑餓、差別に苦しむ人々がある状況は数十年続いています。２０１５年には、多数の人々が、戦争から逃れてさまよう事態が、西欧社会の安定を奪うまでに進みました。このような状態の社会が災害に弱いことは言うまでもありません。日本でもそれは基本的に同じです。よく「自助、共助、公助」と言いますが、農山村の過疎地だけでなく、老齢化、地区の空洞化などは大都市でも起こっています。共助をしようにも、その基礎となる町内会などの住民組織が解散したりしています。若い人がいても、また、たとえ会社の正社員でも、疲れはてて防災を考えるどころではないのが実情です。この事態は、とくに２０１０年代に顕在化し、その後も進行しています。

このような事態となる背景には、資本の利潤追求と搾取という、資本主義の発生当初からの性格、つまり〝自由〟勝手な生き残り競争と、それによる経済格差と差別などが、近年、世界的に強まっているという事情があるでしょう。国や地域、民族間の対立も常軌を逸して強まっています。ですが、変わったのはそれだけではありません。社会の機構、とくに資本主義経済機構に、20世紀末以来、大きな変質が見られるようになりました。物を売買する実態経済から離れて情報を操る金融に、世界の経済活動のかなりの部分が占められるに到ったと言われます。この〝カジノ金融〟企業にとっては、社会の矛盾が深まり不安定化することは、株価の操作などによる利益確保の機会が増すことであり、生産活動からの乖離にほかなりません。つまり、紛争も戦争も、災害も、無理にでもつくりたいのが本音と思われます。このままでは、災害の社会的素因はなくなるどころか、ますます大きくなるでしょう。

このような社会の状況が改善されれば、災害が減るでしょう。しかし、現在の世界には、もっと深刻な矛盾があると思います。今、人間の社会は、それ自体の発展が破滅の素因を増大させる方向に進んでいると思います。その素因には、環境、資源、人口、後に触れる人間の持つ本能など、多くの問題が複雑に絡んでいます。ここで一つ指摘したい問題があります。情報技術の爆発的発展により、災害のリスクが、日本や世界の個別地域だけでなく、それら全体の破滅に繋がり得るほどに巨大化していることです。

情報というものは、自然の変動に弱いだけでなく、それ自身脆弱性を持っているようです。ハードメカニズムが、極めて微弱な電流の使用によるからでしょうか。情報社会の混乱の兆しは、北米東部での停電がコンピュータ制御の作動によってかえって広範化したとか、日本のいくつかの銀行で支払いが一時できなくなったとかの例に現われていると思います。一方、この情報システムは、人為的破壊を防ぎきる力を持っていません。石川五右衛門は「浜の真砂は尽きるとも、世に泥棒の種は尽くまじ」と言ったといわれますが、世界から、ハッカーだの、ウイルスつくりだの、サイバー攻撃だのが絶えることはないでしょう。すでに、情報戦は戦争の重要な部分となりました。たとえばアメリカでは、陸、海、空、沿海警備の4軍に並ぶ第5の軍として情報戦の軍が創設されたと報じられています。中国でも事情は同様なようです。ところで、軍事行動のつもりが平和的な情報にも障害を起こし、防災機構を壊すことはないでしょうか。将来、世界政府ができて世界の情報を集約的に処理できるようになったとしても、それがカオス[用)]を起し、大事故災害の引き金とならない保証はないでしょう。

　ここで指摘しておかねばならないのは、人間が過失を起こす動物であるということです。この点で、とくに原発の事故災害リスクは問題です。原発の建設、稼働には現代科学・技術の粋が集められています。実はそれで、原発はそのすべてを知る専門家がいない存在になっています。たとえば、原子物理学者には、第4章で触れたような活断層や、地震、津波などの問題をきちんと理解するのは無理です。原発は、たとえれば中東の神話にある〝バベルの塔〟のようなものです。神の怒りに触れても不思議ではありません。まさに現代の〝文明災害〟リスクの筆頭です。そのなかに、サイバー攻撃だけでなく、コンピューター誤作動による事故の可能性も数えねばならないでしょう。なお、原発は〝テロ〟やサイバー攻撃が戦争の基本的な手段となった今日、そのことだけでも、危険千万な存在です。

## D　人間の本能と災害リスク

寺田寅彦が言ったと伝えられる警句「天災は忘れたころにやってくる。」は有名ですが、私は、この言葉には、彼の洞察だけでなく、嘆きが込められていると思います。近年には、災害は、専門関係者にとっては忘れる間もなくあちこちで起こので、対応が追いつかない事態ですが、他方、災害の記憶や教訓が、被災者以外の人々に忘れられ、風化するのは、早くなった気がしてなりません。行政の担当部局の人々は忘れるわけにいきませんが、他方では、相も変わらぬ乱暴な開発が、政府や地方行政によってさえも進められています。上に述べたような社会的素因があるからですが、その他に、人間の生存本能に根ざす問題があるように思います。嫌なことは適当

**囲み記事**

哲学者の加藤尚武さんは、「原発事故災害問題は、論理性評価に関わる認識論の問題を科学・技術者につきつけた」と言っています。具体的には、事故が起こる確率を掛け算して危険性を算出する方式が、原発には成り立たないことが無視されていることなどです。また、「原子力工学と確率論、刑法過失論、地震学、合意形成論、倫理学といった異なる学問分野の間の関係が、社会生活にとっては危険な隙間になる事がある」と指摘されています[3)]。全くその通りです。いわゆる〝専門馬鹿問題〟の、社会的に重大な実例と言えます。

に忘れないと神経が持たないし、健康をも阻害します。さらに、資本主義社会で生存競争に勝ち抜くためには、「不都合な真実」[4]を無視することも、いわゆるムラをつくることも必要悪です。つまり、多くの人々は災害を、つい忘れてしまうのではなく、本能的に、教訓ごと忘れてしまいたいのでしょう。これは深刻な問題と思います。

## E　被災は続くよ、何時までも

多くの被災者にとって、災害は忘れるどころか日常の問題です。2011年東日本大震災、なかでも原発事故による被災は、深刻な状態で続いています。震災後20年経った神戸でさえ、元の生活に戻れない人がたくさんいます。とくに元々の低所得者や高齢者などの〝社会的弱者〟は、自力で立ち上がれと言われてもできません。しかし、現実の救援や復興は、折角できかけた住民間の絆を断ち切ったりするものでした。震災以前からあった大規模都市計画の強行が、このような事態を招きました[5]。

〝大きいことは良いことだ〟は間違いです。巨大な工事をすれば、ゼネコンやコンサル会社は儲かるでしょう。一方それは、しばしば住民の生活再建を遅らせるだけでなく、長い将来にわたって災害が繰り返す素因をつくりかねません。大工事は自然や地元の具体的事情を無視しがちだからです。この教訓は多くの人々により強調されてきましたが、その後、各地、とくに東日本大震災の被災者救援や復旧・復興に生かされたとは言えません。

## 三　この世界（地球上）で起こりうる超巨大自然災害

近年、日本各地で発生した自然災害は、本当はまだ生やさしいものです。最悪の場合を想定するのが防災の基本という意味で、どんなことが起こりうるのかをみてみましょう[6]。地震は、内陸でも、兵庫県南部地震よりも大きなものが発生する可能性があります。津波は、西南日本の南海トラフ沿いで起こるものが、２０１１年に東北日本太平洋沖で発生したのと同規模のものが起こる恐れがあります。被害は東北よりはるかに大きくなります[7]。

富士山の爆発は、首都圏の諸機能を麻痺させる規模の降灰をもたらす恐れがあります。阿蘇カルデラや、鹿児島湾をつくった姶良カルデラを形成したようなカルデラ爆発は、列島規模で被害を及ぼすでしょう。火山活動は地下からのマグマが地表へ上昇してくることで起こりますが、その規模は、地質時代には、大洋の海水を押しのけて、大陸に氾濫させるほどだったりしたものです。もちろん生物の生存環境に大変な影響がでました。今、恐れられているのは、アメリカのイエローストン公園で、アメリカ全土の生存環境を破壊し、世界的に経済活動を麻痺させるほどの大規模爆発が起こることです。観測、監視がされています。ただし、予知ができても、有効な対策がとれるようなものではありません。

恐ろしい自然現象として一番大規模なのは隕石の落下です。６５００万前に海に落下して、恐竜やアンモナイトをはじめ、多くの生物を滅ぼし、生物界を一変させた隕石の例は、近年、かなり有名になりました。こんなことが起これば人類も終わりです。ただし。地球に衝突しそうな大隕石は発見できるかもしれません。できるだけ遠くで発見すれば、今の科学・技術では、軌道を変えて地球からそらすことが可能ではないかと思います。

## 四　では何をどうする？

物事は、実態と要因が分かれば、それなりに対応できるものです。人間の力ではどうにもならぬ自然の巨大な働きによる自然災害でも、被害を減らし小さくすることはできます。具体的な方策は、多くの人々によって[8]、また行政の文書でも記されています。それで、ここでは、これまで充分注意されてこなかった問題に絞って私の考えを述べます。

## A　何処にいても同じではない

「日本列島は災害列島だから、どこにいても同じだ」と考える人がいます。しかし、同じではありません。たとえば土石流は、それからの距離の1メートルの違いが生死を分けます。一軒が吹っ飛ばされても隣は無傷という例は、最近の広島での土石流災害でも見られました。洪水や津波など他の直接因による災害でも同じです。なお、地震については、断層の活動には周期性があるから、一度起これればしばらく大丈夫だと思う人もいます。一面、間違っていません。しかし、ある断層が活動してそのあたりに溜まっていた地盤のストレスがなくなっても、かえってその近くにストレスが発生することがあります。兵庫県南部地震の際に淡路島に現われた野島断層は当分活動しないでしょう。しかし、淡

**囲み記事**

雲仙普賢岳の噴火があって、「こんな怖いところには住めない」と思って神戸に移って、神戸で震災に会った人がいます。本当は、今の島原ほど安心で、風光明媚で、食べ物もおいしい良いところは、日本には多くないでしょう。台風はよくきますが。

地震、津波災害リスクを全国規模で大きく比べると、今、東京や大阪に会社の情報中心を集めるなど愚の骨頂です。仙台の方がはるかにましです。大阪の近くの丹波山地では、何故か微少地震が群発しますが、昔から、大地震が近くで起きても、あまり被害がありません。中国地方、とくに岡山市付近は、数万年来、地盤変動が比較的に穏やかな地方です。

路島で、被害が出るぐらいの地震（動）が起こらないというわけではありませんでした。

## B　ハザードマップ

ハザードマップの意味や活用については、第1章その他で記述されています。ハザードマップの作成は全国の行政に義務づけられています。各家庭に配られているはずですから、まずその内容を良く見ましょう。ハザードマップは役に立つものでなければなりません。行政がつくるマップは避難に関係することに偏重しているのが多いようです。また、上に述べたような被害のリスクを細かく示すことは、縮尺の点からも無理です。詳しいハザードマップは、地域の自然と人文をよく知る住民達が（行政とも力を合わせて）つくらなければできません。その際には、〝老人力〟がものを言うでしょう。ただし、人の短い期間の経験だけに頼ると危険なことは、２０１１東北津波災害などの例が示すとおりです。

一つ付け加えておきます。山腹の谷から土石流が出る可能性は、その目で見れば、誰でも気付きます。しかし、ちょっと目には谷とみえないような凹みは、樹木が茂っていたりすると分かりません。豪雨があれば土石流がでる可能性があるので、このようなところも、危険箇所として地図に記載してください。

## C　グレイゾーン

斜面崩壊などによる被災危険地域を、行政は、赤、黄、青などと区分して示します。私は被災リスクを黒、灰、青に別けています。何故、赤、黄、青としないのかと言うと、これらの色が交通信号に使われているので、なんとなく、境が明瞭という感じがするからです。世の中に、100パーセントの危険とか、完全な安全性とかはありません。とくに災害列島日本は、どこも多少とも〝グレイ〟です。しかし、その程度は、時と場所により遷り変わります。グレイの度合いや内容を良く見て、賢く住むことを考えるべきでしょう。

2011東北日本沖地震津波で被災した気仙沼の漁師たちは、被災後直ちに漁港の復旧に取りかかりました。他の多くの地域では、人々が海に近づこうともしませんでした。確かに被災地海岸はグレイゾーンでした。余震で小さい津波がくる恐れはありました。しかし、当時私は、たとえば海水浴場は、テントを使ってでも開設して良いと言いました。気仙沼の漁民の皆さんのなさっていることは正しいと思いました。結果的にも正しかったのです。人間、生きるためには、まず食うことを考えなければなりません。

1990年の雲仙普賢岳の噴火で火砕流や土石流が盛んに流下した時、建設省（当時）が水無川でおこなった対策工事は、その経過でいろいろ議論がありましたが、当面と長期の安全をともに確保したという点ですばらしいものでした。そこで注目されるのは、堤防が不連続堤で、隙間があるため、その外、つまり豪雨が降れば土石流や洪水が流れてくるところに地域住民が出入りできることです。ここには住むわけにはいきませんが、牛や馬の放牧はできます。豪雨警報が出たら堤内地用)に移せばよいのです。これはグレイゾーンの積極利用です。同じような発想で、東北日本や各地の被災地の利用を考えられないでしょうか。

肝心なことは、それぞれの場所の自然と人文の歴史を見て、利用条件を考えることです。たとえば、津波が海岸砂丘や堤防を越えると削られて低くなるところでは、いっそ、もっと掘り下げて池にして、魚などを養殖するのが一法でしょう。ここはグレイゾーンですが。

雲仙普賢岳噴火災害では、行政は、先祖代々、山の高いところで暮らしていた人たちを、危険だと言って海岸に引き下ろしました。そこで立派な住宅を与えられたことが、はたして老人たちにとって幸いだったか、大いに疑われます。そこではすることがないからです。普賢岳は今後100年か200年は噴火しないでしょう。それに、地下でのマグマの蓄積は、専門的に観測、監視されています。地質学的に見れば、斜面崩壊や土石流も発生せず当分安全に暮らせるところ、つまりグレイ度が低いところは、高いところにもあります。

## D　心配と心労は別

上に、災害の風化の問題に関係して、社会心理学的問題、とくに人は災害を忘れたいのだということを書きました。この問題は人間の本性に関係するので根が深く、対処するには意思と英知が必要でしょう。「心配は大いにせよ。心労はするな」という警句があります。冷静にハザードマップをつくり、グレイゾーンの時とところによる変化を考えてこそ減災も可能になります。この場合、災害についての科学的知識を持っていることが望ましいのはもちろんですが、大事なのは合理的、科学的な考え方です。たとえば、昔、ナマズが騒ぐのが地震の原因と思ったそうですが、現象についての経験からいきなり本質を考えたりすると、こういうことになりかねません。なお、私は、科学的思考をするには、この地球表層が複雑系[用)]であることの認識が極めて重要だと考えます。

## E　〝住んでしまった！〟問題

今後、これ以上の乱開発を、うかつに計画させてならないのは明らかです。しかし、今とくに深刻なのは、すでに災害リスクが高い場所にすでに住んでしまっている場合にどうするかです。東京、大阪、名古屋の市街は全域が濃いグレイゾーンです。臨海コンビナートも問題です。この問題の解決には、関係住民だけでなく、国民的な合意と、時間をかけた取り組みが必要です。容易ではないでしょう。とにかくグレイの濃さの程度を下げることが要諦です。この問題については、別にもっと字数をとって、検討したいと考えます。

### F　社会を防災的に変える

言うまでもなく、戦争被害は素因も直接因も社会的です。100％まさに人災です。これをなくすことは、自然災害や原発事故を含む社会的素因、直接因を小さくし、なくすための必要条件でもあります。この努力は、日本という一つの国のなかを視野に置くだけでは成り立たないでしょう。地球の上を安全にしたいと願う人々はアメリカにも、フランスにも、どこにもいます。いまこそ「世界を繋げ花の環に」[9]と唄う時ではないでしょうか。

人間社会には、もっと解決のメドがったない難しい問題があります。ウイルスとの戦いは、人類が生きている間、終わることはないでしょう。遺伝子がどんどん突然変異を起こし、新しい耐性菌がいくらでも生まれるからです。正に〝不都合な真実〟です。国境を越えた協力でだけ、なんとか対処し続けることができるでしょう。

人類にとって深刻だと思われる、もう一つの長期的、根底的問題は、情報化がどこまで行くのかです。これには、ロボット社会の発展も関係するように思います。医療技術に発展によって、人工物体が人体のなかにどんどん入っていっています。ヒトとロボットの区別は何かという問いさえもなされていません。人間が全世界的に連帯すれば問題は起こらないのか。社会の情報化、ロボット化をどこまで進めてよいのか。非科学的に聞こえるかもしれませんが、「神の怒り」で人類が滅ばないのか。根本的に考えねばならない時がきているようです。それにしても、とりあえず今の日本の社会、とくに政治、外交を変えることは、近い将来に起こりうる破局的災害を防ぎ小さくするために、極めて重要だということは確かでしょう。

## 五　まとめに代えて

このままでは、日本列島は、近未来に、そこに住む多くの人々にとって、「生きるも地獄」となるでしょう。一つは自然破壊と巨大自然災害によって。もう一つは、格差の拡大、社会の不安定化とテロと言う名の戦争の呼び込みによって。この二つの要因は絡みあう可能性があります。さらに、文明それ自体の発展が何時かカオスに落ち込む可能性も否定できません。どっちにせよ、地球という惑星も、数十億年先にはなくなります[10]。しかし、現実に大災害が迫ってきていることを知りながら、今、手をこまぬいているわけにはいきません。

社会的素因の蓄積を防ぐ努力は可能です。それが日常的にできるように、日本は変えなければません。２０１５年、その動きが大きく広がりました。「民主主義ってなんだ？これだ！」この若者たちの声に日本の未来を感じます。しかし、若者の未来は民主主義だけでは護れません。その根底を危うくする災害が、その一生のうちにきっと起こるでしょうから。この現実の問題を見据え、個人個人の生命と社会を護る行動を起こし加速させねばなりません。心構えだけでなく、関係する問題についての知識と科学的思考が必要です。

本書が、その参考に少しでもなれば幸いです。


【注、および参考書】

１）たとえば、日外アンシエーツ株式会社編集・発行の『災害・防災の本全国情報』45／95。紀伊國屋書店、９２４頁では、戦争災害を除く災害を災害・防災全般、自然災害、人為的災害の三つに区分し、文献を記しています。そこでの人為的災害には、公害、農業、林業、漁業、鉱工業、労働などに関わる災害や、交通災害、火災などが含まれています。

２）最近、巨大災害とこれへの備えについては、いくつもの著作で論述されています。そのうち矢作征三『巨大災害に立ち向かうニッポン』。社会評論社、３２９頁・２０１５年は、地震災害に対象を限っていますが多角的で、緊急時の企業の対応強化と事業継続問題に触れていることが特徴的です。「万一にも明日首都直下地震か南海トラフ巨大地震が発生したら、アベノミクスも東京オリンピックも吹き飛んでしまう」ことが、「肝に銘じるべき」と強調されています。

3）加藤尚武『災害論　安全性工学への疑問』。世界思想社、2011年。

4）「不都合な真実」は、アメリカのゴア元副大統領が出演して、地球温暖化の危機を訴えたドキュメンタリー映画の名前です。その後、これを元にした単行本も出版され、世界的に大きな影響を与えました。

5）兵庫県震災復興センター（代表菊本義治・西川栄一）編『大震災と人間復興　生活再建への道程』。青木書店、204＋65頁・1996年。

6）フレッド・グテル、夏目大訳。『人類が絶滅する6のシナリオ――もはや空想でない終焉の科学』。河出書房新書、2013年。巨大地震・津波、マグマ活動、隕石落下などが、発生予想度の逆順に解説されています。金子史朗『地球大災害』。古今書院、1991年にも、今日の防災に非常に参考になる記事があります。

7）南海トラフ沿いで起こる地震が連動型である場合、地震や津波の規模は最大で2011年の東北日本の場合と同じぐらいでしょう。しかし被害ははるかに大きくなります。地形・地質環境や人口密度、土地利用の形態などが、宮城県や岩手県とは違うからです。海面より低い、地盤沈下や液状化を起こす軟弱な地盤の上に製造業や商業などが集中し、巨大都市が発達しています。おそらく日本の経済が破産状態になるでしょう。

8）池田清『災害資本主義と「復興災害」――人間復興と地域生活再生のために』。水曜社、242頁、2014年は、現代的災害状況を〝異常の日常化と日常の異常化〟と捉え、そのなかでどうすれば人間が復興し「人間らしい生活」をすることができるかを論じています。社会科学的問題の多角的分析が注目されます。

9）戦後長く歌われてきたメーデー歌の歌詞です。

10）地球の表層環境は、もっと早く住めない状態になります。太陽の状態が変わり、太陽からくる熱エネルギーが増大するからです。

付章

# 災害論の最近の発展について

## ——災害の認識論、プロセス論、構造論——

奥西 一夫

## 一　災害の認識について

佐藤ほかの『災害論』[1]は災害の問題を科学的かつ総合的に取り扱った、世界でも最初の論考です。この本における災害の認識（構造論）は多分に著者のひとりである佐藤武夫の社会学者としての研究成果を反映したもので、この本の諸章では最近発生した多様な災害について、各執筆者の今日的な災害観が示されています。これに触発されて別の観点を追加する試みが社会科学や理工学の分野の研究者によってなされています。最近20年の日本は巨大災害の時代に遭遇したということもでき、阪神淡路大震災、宮城県沖地震、東日本大震災、福島第一原発の「事故」などの大規模災害が相次ぎました。それに伴って、災害の本質に迫ろうとする論議（災害論）も多くなされています。一方、ベン・ワイズナーほか著、岡田憲夫監訳の『防災学原論』[2]は、世界的な観点から災害のあらゆる側面を系統的に扱った最も新しい著書として注目されます。本節では『災害論』から『防災学原論』にいたる災害論の発展を中心とし、その後の展開も視野に入れながら、防災論の主軸とも言える、災害のプロセス論、認識論、および構造論についてレビューします。

『災害論』には後に国土問題研究会の行動原則になった住民主義、現地主義、総合主義の三原則がすでに含まれています。これに限らず、その後の総合的、科学的な観点に立った災害論はすべてこの観点を踏襲していると言えます。『防災学原論』でもこの三原則と軌を一にした姿勢が貫かれています。そして、四人の英国の社会経済学者によって書かれたこの本は、現在入手し得る最もグローバルスタンダードに近い災害論だと言えます。そしてこの本で述べられていることは、わが国における災害研究と災害論が日本のことしか述べておらず、外国人からはほとんど無視されているのと極めて対照的です。

かつての西欧列強は、植民地として支配した地域の防災問題に真剣に取り組むことはほとんどありませんでした。今日、帝国主義的な植民地政策に代わって多国籍企業や国際的なファンドによるネオリベラリズム的な経済侵略が世界の社会学者から厳しく批判されており、『防災学原論』もその思潮に沿っているものです。同じ論調は宮入興一の『災害の政治経済学の展開と課題』[3]などに見られるものの、日本の災害科学研究者の多くはこのような動きから完全に遅れを取っているように思われます。なお、ネオリベラリズムについては、「六　ネオリベラリズム（新自由主義）が災害問題に投げかける暗い影」で改めて述べます。

## 二　災害という社会的プロセスについて

「災害（天災）は忘れたころにやってくる」という有名な格言がありますが、災害を忘れるのは傍観者であり、被災者は、記憶が次世代に引き継がれるかという問題はありますが、いつまでも災害を忘れません。前節で述べた『災害論』や『防災学原論』の観点に立てば、被災者が主体あるいは主人公であるべきであり、災害が発生した後、何年か経てばその災害が忘れられ、あたかもなかったようになるということはあり得ません。また社会的に見ても、災害は一過性の現象ではありません。災害は外的なインパクトにより生業が阻害されることであり、そのインパクトの種類がどういうものであるかは、被災者にとってはあまり重要ではありません。一度被害を蒙った者は、同じインパクトによって再度被災しないように努力しますが、どのようなインパクトを受けても全く被災しないという完全な防災力を持つことは極めて困難ですから、必ず再度被災すると考えなければなりません。『防災学原論』では市民の力で災害復興と将来の展開を目指した場合の望ましい災害サイクルを図1のような形で描いています。そこでは、災害プロセスは多くの要素の連鎖から成り立って、ひとつのサイクルを形成しています。

災害の経験に学び、より多くの資源が防災のために振り向けられると、減災のレベルが次第に向上し、図1のサイクルは上昇スパイラルの形になります。一方、政治的、経済的、技術的問題のために災害復興が不十分で、次の災害にあった時点で被災者が前の災害の時よりも脆弱な状態に置かれる場合は、逆に下降スパイラルに陥ってしまいます。

近代日本では災害は文明の力によって克服できるという考え方が一般化し、無常観あるいは諦観という、昔の災害観は捨て去られてしまったかのようです。そのためか、日本人による災害論においては、図1は当然上昇スパイラルになるとして、それについて特に議論しないことが普通です。しかし、『防災学原論』に詳述されているように、現在でも

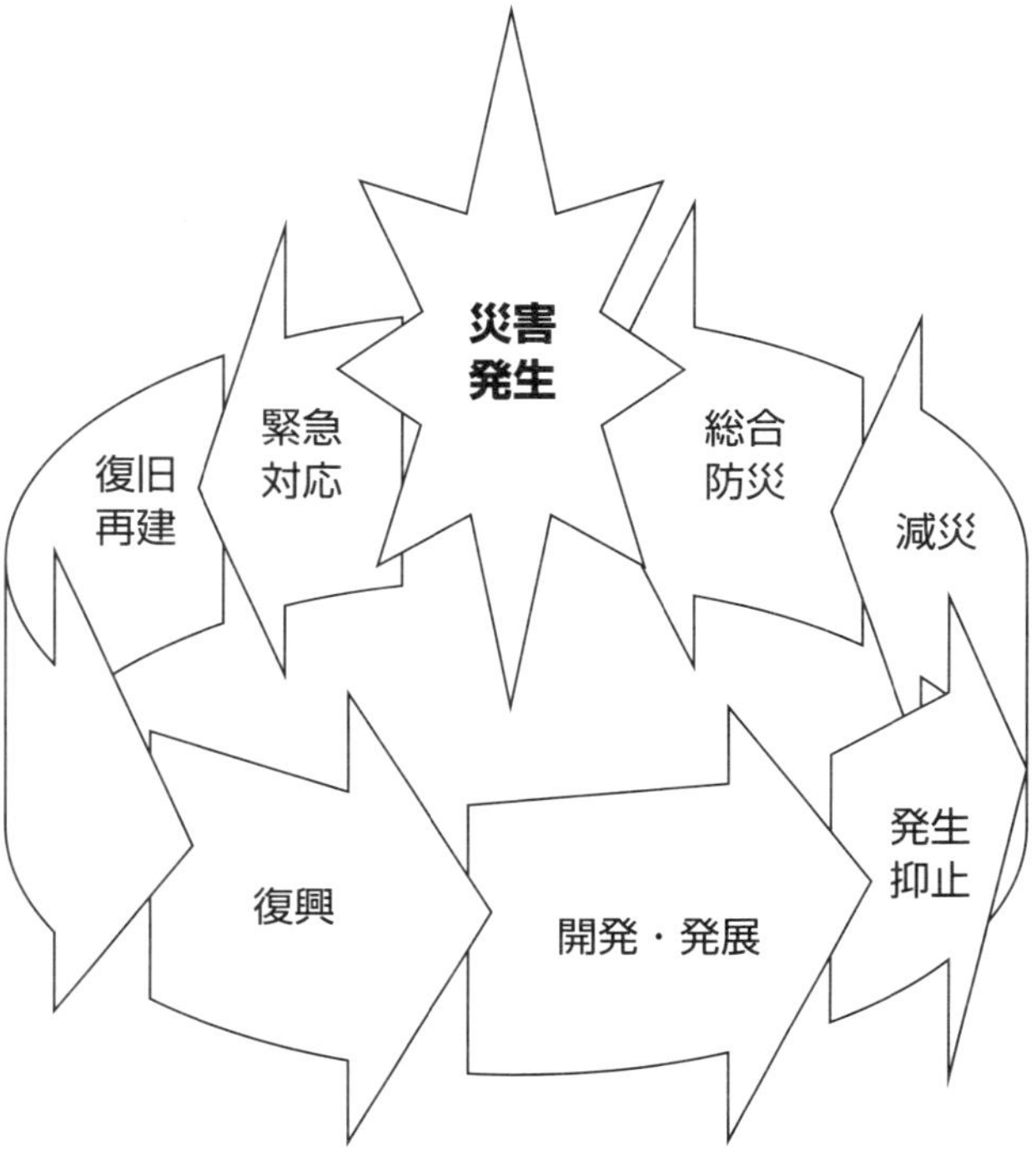


図1　市民の力で将来の展開を目指した災害のサイクル
（ワイズナーほか、2010より）

世界中には、諸種の階級支配があったり、他国や多国籍・独占企業による経済的搾取、戦争、食糧不足などがあったりして、災害のたびに被災者が疲弊し、図1が無限の下降スパイラルに陥っていることが決して少なくありません。『災害論』を読むと、資本主義社会ではこのようなサイクルは必ず下降スパイラルになるように感じられます。一方、『防災学原論』や前述の宮入論文では、現代社会ではネオリベラリズムにもとづく社会的弱者の抑圧が、下降スパイラルを引き起こす最大の要因だとされています。

災害に関係する研究者で図1に示された災害サイクルに真っ向から異論を唱える人は少ないでしょうが、他国にくらべて圧倒的に災害研究者が多い日本においても、図1を構成する個々のリンクについては多くの研究がなされたものの、その全体を鳥瞰するような研究はあまり多くありません。その主な原因は、災害は理工学分野の問題であるという認識が最近まで支配的であったことにあると思われます。また世界的に見ても、このような図式を明瞭に掲げた単行本はおそらく『防災学原論』が最初だと思われます。そして、図1は、災害問題の根本的な解決のためには、被害者が主役となり、市民社会がそれを支える形で災害サイクルを作ってゆかねばならないという、著者らの信念に基づいて掲げられています。

## 三　災害発生のプロセスについて

災害が発生すると、図1に示されるように、とりあえずの災害対応から、同じような災害が繰り返されないための事前対応まで、一連の対応が続きますが、そのために必要なことのひとつは、その災害がなぜ、あるいはどのようにして起きたかを分析することです。自然災害に対する伝統的な理工学的なアプローチにおいては、自然的な素因や誘因に起因するインパクトが防災構造物の能力を超えると災害が発生するという機械論的な認識が支配的でした。これによると、自然災害の発生過程は図2のように表すことができます。このなかで、災害を引き起こす自然現象の素因は、地質条件や地形条件が代表的なものですが、災害が発生するよりもかなり以前から存在しています。それにくらべると、豪雨や地震などの自然的誘因や、それに起因する加害力は災害の発生の直前に生じると言えます。しかし、自然災害も社会現象であることを考えると、図2に社会的な要因が入っていないことは大きい欠陥です。社会災害についてはなおさらです。

社会科学的なアプローチとして代表的な『災害論』では、このような災害

稀に起きる極端な自然現象→加害力の発生→災害の発生

図2　自然災害の発生過程（従来の考え方）

発生原因の認識は、図3の模式図[4]によって明瞭に示されています。この図の「＋」記号を「↓」に置き換えて、これが災害発生の時間的経過を示しているように受け取られることがありますが、これは誤りです。また、この図で「自然的素因」とされているものについては、説明が十分ではありません。

西山の『地域空間論』[4]では、このあたりの問題点を解消すべく、災害発生の原因については自然的なものと社会的なものの両方を考慮し、災害発生の構造だけでなく、災害の発生過程も表す図式を提案しています。この図式は図3と比べると複雑で難解ですが、簡単に説明すると、まず災害基盤（被災基盤）に被災要因が内包されており、自然的・社会的起因との関連で諸種の災害を引きおこします。災害現象は対策によって一応終結する場合がありますが、誘導要因によって別の災害を誘起したり、拡大要因によって、より大きい災害に発展してしまったりすることもあります。

『防災学原論』では災害の発生過程を説明するために、加圧・減圧モデルを提唱しています。その基本は『災害論』に示されている考えや

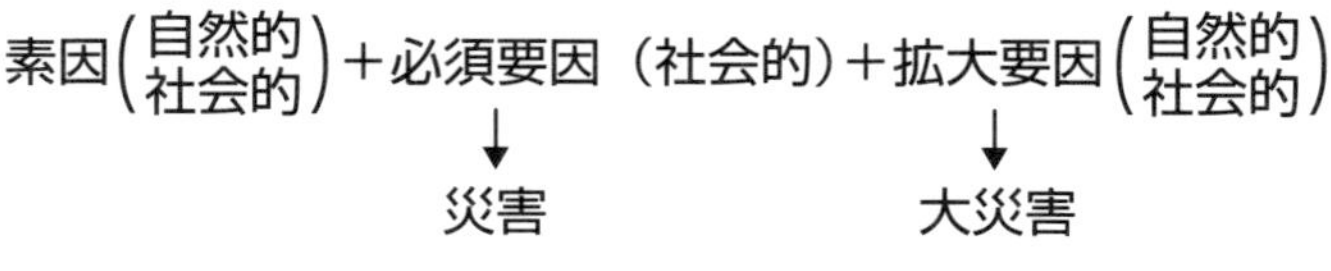


図3　佐藤ほか（1964）の災害発生原因の認識（西山、1968による図式化）

西山の概念に近く、構造論的には後で述べる木村の災害発生要因と共通するものです。このモデルは、社会や人が災害に対する脆弱性を持っていて、社会的・自然的圧力に弱いことを前提としていますが、そこに加害力というインパクトが加わってリスク（災害発生の差し迫った危険）が生じると考えます。そしてリスクを実際の被害を結びつけるものとして圧力の変化（加圧と減圧）を考えます。一口に言うと、圧力とは被害を発生させたり拡大させたりする、自然的・社会的な作用をあらわします。

災害発生の後には、災害からの復旧・復興プロセスが続くことになりますが、これについては後述します。

## 四　災害の構造について

『災害論』の第Ⅲ部では、「災害現象と災害構造」と題して災害の論理的構造について詳述されています。西山によって描かれた図3はそのエッセンスだけを図示したものと言えます。『災害論』の刊行以後に発表された社会科学系の研究者による論考はこれを基本的に継承しつつ、新たな発展を追求したものと言えます。一方、自然科学系の研究者の多くは、図3で「自然的素因」として一括されているものを、前述のように自然的素因と自然的誘因に分けるべきだ、と考えています。

　このような研究潮流をまとめたものが木村春彦の『災害総論』[5]だと言えます。ここでは、災害発生の時間的経過を図式化することをやめ、要因分析的な立場から災害の原因となる要因（因子と呼ばれています）を系統的に分類しています（図4）。この図には災害発生の時間的経過は含まれていません。その理由は、図2のような社会的要因を無視した図式では、災害の発生過程を示すことが容易ですが、社会災害を含めたり、災害発生過程のいろいろな段階で社会

- 自然的因子
  - ・エネルギー的因子
    - 異常気象（豪雨、台風、高潮等）
    - 地震、津波、噴火、大規模燃焼等
  - ・自然環境的因子
    - 地質不良（風化層、断層破砕帯等）
    - 地形不良（急傾斜、低湿地等）
    - 植生状態の不良
- 人為的因子
  - ・技術的因子
    - 災害調査や予測、予報体制不十分
    - 防災施設の不備、不適、管理不良
    - 被害拡大抑制機構の不備（危険地の放置等）
    - 避難、救護、救援体制の不備
  - ・社会的因子
    - 乱開発と環境破壊
    - 過密、過疎
    - 階級格差と貧困
    - 行財政の怠慢、開発規制法の不備
    - 災害研究及び防災教育の不足（災害に対する無知と未知）

図4　木村（1977）の因子分析

的条件が影響することを考慮したりすると、時間的経過を含めて図示することが極めて難しくなるためです。

木村の「社会的因子」に相当するものについては、『災害論』や西山の『地域空間論』でも触れられています。しかし、これをより普遍的な形で表現したのが『防災学原論』だと言えます。そこに示されている模式図は大変複雑なので、転載を省略しますが、そこに描かれているのはまさに社会と個人の災害に対する脆弱性であり、これを裏返すと脆弱性をなくし、あるいは改善することが正しい防災の在り方だと言えましょう。

『災害論』で示されている災害発生のモデル（図3）は素因、必須要因、および拡大要因からなっていますが、これらの要因は前述の加圧・減圧モデルの加害力、脆弱性、および圧力とそれぞれ対比させることが一応可能ですから、基本的な考えにおいて共通性があると言えます。詳細については相違点がありますが、佐藤ほか（１９６４年）→西山（１９６８年）→木村（１９７７年）という発展系列のなかで、そのような相違点が次第に少なくなっていることから、『防災学原論』に示されている加圧・減圧モデルはこの発展系列の延長線上にあると言うことができます。

災害の社会的要因について、『災害論』が古典的なマルクス主義経済学の理論に立脚しているのは、当時の災害現象または災害プロセスを説明するにはそれで十分であり、当時の社会科学の最先端をなすような理論を持ち出すまでもないと考えたためだと推測されます。この点、石井素介の論考『災害論覚え書』[6]ではより広い観点が示されています。また佐藤らの『災害論』では、将来は災害対策の主役は被災者であるべきだとしつつ、現状では災害対策の当事者は行政機関だとしています。その後、まちづくりや防災の問題に関して、被災者や社会的弱者を包み込む住民運動が高まりました。きわめて組織的な運動団体としては、伊勢湾台風の被災者救援を端緒に結成された「民主団体災害対策協議会」(民災対)や、それを引き継いで現在活動中の「災害被災者支援と災害対策改善を求める全国連絡会」(全国災対連)およびそこに結集する地方の住民組織を挙げることができますが、大小さまざまな団体による住民運動やボランティア活動の動きも注目されます。理論面においては住民主体のまちづくりと関連した防災論が生まれてきています[7]。また資本主義経済の変貌を踏まえた災害発生の社会的背景の分析が、前述の石井論文[6]、宮入論文[3]や『防災学原論』でおこなわれています。これらの論文とは異なる観点からの論考として、小島　剛の著書『科学技術とリスクの社会学』[8]を挙げることができます。この著書では社会の発展に必然的に付随する災害の巨大化などのリスクと、災害問題を取り扱う科学技術の在り方に起因するリスク(例えば安全神話)に関する社会学的分析をおこなっています。

## 五　災害対策（災害対応・復旧・復興）について

図1に示されている災害のサイクルのなかで、「緊急対応」から「総合防災」までをひとまとめにして「災害対策」と呼ぶことにしましょう。ここでは個々のリンクではなく、それらの連鎖としての災害対策の全体像を概観します。

木村の『災害総論』[5]では人間の災害への対応を、主に水害を念頭におきつつ、歴史的観点から図5のように纏められています。

これは、図1に示されるような災害サイクルの繰り返しのなかで災害への対応が次第に望ましいものになって行く状況を表したものだと言うことができます。具体的には、いわゆるソフト対策とハード対策と組み合わせることによって、また、住民主導の災害対応を推進することによって、より正しい災害対策を目指す方向に変革することが可能になります。そして、自然の脅威と真っ向から立ち向かうというよりも、そのインパクトをそらせたり、

| | |
|---|---|
| ・動物的段階 | びっくりする、恐れる |
| ・原始的段階 | 逃げる、祈る |
| ・封建時代的段階 | あきらめる、そらせる |
| ・現代 | 逆らう、押し込める |
| ・将来 | 無害化する、利用する |

図5　人間の災害への対応（木村、1977）

さらにそのエネルギーを利用したりもしながら、それを無害化して行くのが将来の姿だと言えます。

現代における災害への対応について、『災害論』では、「災害と科学・技術」、「予算・行政と災害」、「法律による災害対策」、「災害対策の主体論」の章立てをして論述されています。これは現代日本における災害対策の問題点を洗い出し、具体的な改善策を見出していこうという姿勢の表れであると言えます。第2節で述べたように、佐藤らは、資本主義体制の下では被害者本位の防災対策は不可能であるという悲観的な見方を示していますが、一方では「災害対策の主体論」として、資本主義体制の下でも、住民が主体になることによって実行でき、前進できることがたくさんあることも強調しています。ここでおこなわれている議論は、第1節や本節で述べたその後の日本での災害論研究で引き継がれ、より体系化されると共に、時代が要求する災害への対応に応えるための研究が続けられています。その成果の代表例が、木村の『災害総論』に示されている「災害対策の構造」および「防災主体と対策段階の関係」だと言えます。

最近、災害対応における、「自助」、「共助」、「公助」の適切な組み合わせが重要であることがよく指摘されます。当然ながら、公助（行政機関による救助・救援）→共助（地域コミュニティーによる救助・救援）→自助（被災者自身による緊急対応）の順に、投入される資金や技術力も高いわけですが、共助や公助が時間的に間に合わないことが多く、とりあえず生命だけは失わないという自助活動がどうしても必要です。そして、公助は間に合わないが共助は間に合うという時間帯も存在します。また財政的制限などにより、公助という形でなければ実現できない救助・救援活動（例えば大人数または長距離の避難支援、救急医療など）もあります。そして、緊急対応以外の場面においても「自助」、「共助」、「公助」の適切な組み合わせが必要です。逆にこれらの組み合わせが適切でないと、全体として防災の効果を充分に発揮できないことになります。例えば本来行政がおこなうべきことを、自助と共助が重要だというスローガンのもとに地域コミュニティーや個々の住民に押しつけることも、しばしば起きています。

『防災学原論』で示されている加圧・減圧モデルは、実は災害への対応も含んでいて、「圧力」が災害を引きおこす社会的条件（『災害論』で言う必須要因）を表すのに対し、減圧がそういう圧力の緩和（日本語の防災に近い概念）を表します。そして、この減圧がどのようにして可能になるかについては、アクセスモデルというのが用意されています。アクセスモデルではまず、災害を引き起こすインパクトと災害への対応を含んだ災害サイクルの社会的側面を図式化しています。この図には災害発生過程とともに災害への対応が図示されています。ここで災害とは人びとの生業が阻害されることであることを想起すると、社会の防災力が直接発揮される場は「所帯」であることが容易に理解できます。そして所帯は人と社会のつながりおよび支配構造に大きく影響を受けて、さまざまな状態を取り、危険な状態になった時の所帯の状態が災害に決定的な影響を及ぼすことになります（佐藤らの『災害論』で言う必須要因に相当）。そして災害発生の結果、所帯にはいろいろな変化が起きてしまいますが、それから立ち直ると同時に、次の災害への備えがおこなわれることになります。これが圧力の緩和と言われるものです。

アクセスモデルでは、圧力の緩和はアクセス（災害に対応するために必要な資源の利用の機会）によって可能であるとされます。あらゆる災害に適切に対応し、災害から早く立ち直るための一般的なアクセスについては、短く要約することが困難です。一方、平常時や災害からかなりの程度立ち直った段階におけるアクセスの概念に限っては、比較的簡潔にフローチャートの形で示されていますが、それでもかなり複雑です。このフローチャートは、所帯がアクセスできるものの具体的な内容が例示されており、物理的な防災資源から精神的なものまでを含んでいます。アクセスされた資源が災害への対応として具体化されるためには、それなりの費用がかかり、既成の権力機構の下でどれだけの収入が所帯にもたらされ、そのうちのどれだけの部分がどのような形で災害対応のために振り向けられるかが重要です。

日本における災害論で、このような図式がほとんど議論されてこなかったことは意外なことです。災害大国といわれる日本では災害が頻発し、そのなかでこのようなループもまた頻繁に経験されており、改めて議論する必要が感じられなかったのかも知れません。しかし、阪神大震災→中越地域の数回の地震災害→宮城内陸地震災害→東日本大震災へと続発した大規模地震災害や原発事故という大規模な社会災害は、その都度新しい技術的・社会的課題を投げかけてきています。したがって、このような図式は日本の災害についても十分意識されるべきだと思います。

## 六　ネオリベラリズム（新自由主義）が災害問題に投げかける暗い影

第1節で述べたように、『防災学原論』では、現代の世界経済を支配しているネオリベラリズムが災害問題に暗い影を投げかけていると説いています。一方、第3節で述べたように、古典的な佐藤ほかの『災害論』では、社会における階級対立を災害の社会的必須要因の根本的なものとして挙げていました。これら二つの著書の間には50年近い時間差がありますが、その間に社会はどのように変わったのでしょうか。この問題は私の専門から外れますが、私なりに考えてみたいと思います。

ネオリベラリズム（新自由主義）とは、20世紀後半に資本主義国でも盛んになった福祉政策が、独占的な大企業などの利益追求の障害になっていることを踏まえ、企業が社会的制約を受けることなく、自由に利益を追求できるようにすべきだとの理念だとされています。現代においては、労働者階級に属する人々も株式や債券、投資信託などに投資できるようになり、ハイリスク・ハイリターンを求める風潮が社会全体に拡がった結果、倫理観をかなぐり捨てても、高い経済的利益を得ることが絶対的な善であるという風潮が一般化し、ネオリベラリズムは、いわゆる資本家階級だけでなく、労働者階層に属する人々のなかにも浸透して来ています。

話の切り口として、大飯原発3、4号機の運転差止め仮処分命令（2015年4月）とその取り消し判決（同年12月）を取り上げて見ます。前者は、私に言わせれば、憲法でも保障されている国民の生命の安全を守るという普遍的な価値観に立脚したものですが、こういう考えは左翼的イデオロギーに立脚していると論評されることがあります。一方、後者は、既存の法的規定に違反する点がないから、原発運転を差し止める必要はないというもので、一見、イデオロギー抜きの議論であるように見えます。しかし、ここにこそ特定のイデオロギーが隠されています。それは、米国の核政策に盲従する日本政府の原子力政策を是認する、ネオリベラリズム的思想です。つまり、今の日本政府の原子力政策のバックには、原子力企業の利益追求の自由を何よりも優先して認めることによって、現政権を維持してゆこうとする、ネオリベラリズムと現政権との間の思惑の一致があると思うのです。

次に東日本大震災からの復興の問題を取り上げます。本書の第5章で上野さんが述べているように、激甚な津波被害を受けた地域については、驚くほど高い防潮堤を建設することが国から指示され、住民の反対があっても、それを無視して建設が強行されています。そこには現政権を支えているゼネコンほかの企業の思惑が見え隠れしています。宮入[9]は、真の復興のためには、ネオリベラリズムとつながる災害資本主義に対する対抗軸を打ち立てて行かなければならないと訴えています。そして、災害復興をめぐる世界的な諸思潮として、災害資本主義、災害ユートピア論、災害ミリタリズム、災害ネオリベラリズム、災害ファシズムを挙げ、相互の関係を解説しています。

現代我が国の防災政策は、本章の図1に示されたような、望ましい災害復興過程を目指すものではなく、逆に、災害復旧過程でゼネコンなどの建設業者が最大限の利益を挙げられるように配慮し、一定の予算を付けて復旧工事などを完了すると、そこで当該災害は終わってしまうという認識を、国民に押しつけるようになってしまっているように思われます。現在の日本政府の政策がネオリベラリズムに支配されたものになっていることを如実に示すものでしょう。

最後に、『災害論』に示されている資本主義経済と災害の関係が、後のワイズナーほかの『防災学原論』や宮入の『災害の政治経済学の展開と課題』で論じられているネオリベラリズムと災害の関係に転化するなかでどのように変わったかについて、やはり素人談義の域を超えませんが、議論を試みます。

経済が発展し、大量の品質の良い商品が安く供給されるようになり、市場にだぶつくようになると、これまでのような単純な搾取をするよりも、人々の欲望を刺激して、より多くの消費を喚起する方が資本家階級のより大きい利益を生むようになってきました。そして、そのためには労働者の人格権をある程度認め、経済的にもある程度豊かになることを許容しつつも、欲望を限りなく刺激し、彼らを欲望の奴隷と化すことによって、消費が無限に拡大する方が有効です。もちろん、地球の資源は有限ですから、需要と供給の無限の拡大は本質的にあり得ないのですが、現在の世界はまだ無限拡大の夢から覚めることなく、全人類的破滅への道を突き進んで、物質的拡大の道を進んでいるように思われます。そのなかで、古典的な理論で労働者階級とか資本家階級とか言われてきたものが変質してきています。労働者の多くは個性を発揮する自由を得て満足し、階級意識や団結意識を失って、戦う意志や能力も失い、自ら市場原理が支配する社会経済的メカニズムに組み込まれてしまっています。一方、社会経済のシステム化が進んだ結果、資本の方は逆に、「資本家」と呼ばれてきた個人から投資機関（持株会社や年金団体など）に実権が移って、非個人化が進み、資本家個人の信念に基づいて企業などが運営される形から、利潤を上げることだけを目的にする投資機関の要求に基づいて企業が運営される形になってきています。そのなかで、ネオリベラリズムは、「儲かる」ことが人の最終目的であるという思想を鼓舞し、それに批判する思潮を抑圧する働きをして、強い者が最大の自由を謳歌できるというような社会の実現を目指しているように思われます。しかし、このような意図はひた隠しにされ、多くの人はこれに気づいていないようです。このような傾向のなかで、防災への備えなどは投資効果がないものとして見捨てられてしまうことが危惧されます。そうなれば、今、低開発国で起きているような悲惨な自然災害や社会災害が、日本その他の先進国で起こっても不思議ではありません。

そのような状態にならないためには、人と人が助け合うという、人間本来の姿に立ち戻ること、そして、災害の自然的、社会・経済的な構造をしっかり把握しつつ、人の安全を何よりも重視する社会を構築してゆくことが大事ではないでしょうか。

【参考書、参考文献】

1）佐藤武夫・奥田　穣・高橋　裕『災害論』、勁草書房、1964年。
2）ベン・ワイズナーほか（岡田憲夫監訳）『防災学原論』、築地書館、2010年。
3）宮入興一『災害の政治経済学の展開と課題』、立命館経済学、1999年。
4）西山夘三『地域空間論』、勁草書房、1968年（図3はそこからの転載）。
5）木村春彦『災害総論』、法律時報、49―4、1977年。
6）石井素介『災害論覚え書』、駿台史学、第54号、1981年。
7）大屋鍾吾・中村八郎『災害に強い都市づくり』、新日本出版社、1993年。
片寄俊秀『いいまちづくりが防災の基本』、イマジン出版、2007年。
8）小島　剛『科学技術とリスクの社会学』、お茶の水書房、2007年。
9）宮入興一「東日本大震災からの復旧・復興の課題と展望」全国災対連全国交流集会2011インみやぎ資料集、2011年。

# 用語解説

## ○第1章

・パイピング

砂分が多い土に多量の水が浸透して水圧が上がると、砂と水が吹き出し、後にパイプ状の空洞を残すことがあります。パイピングと呼ばれ、よく土で作ったダムや堤防の破壊を起こします。

## ○第2章

・土石流、土砂流

「土石流」と「土砂流」との用語としての区別は専門家によっても違います。流れの機構としては土石流であっても、岩礫をあまり含まず、砂分がほとんどのものは、よく「土砂流」とよばれます。

## ○第4章

・アスペリティ

海溝型地震の断層には、毎回の地震発生に際し、断層面上で強い地震動を生ずる場所とそうでない場所があります。金森博雄等は、前者は後者に比べて強く固着している部分と考え、摩擦の研究で使われる名称であるアスペリテイという言葉を与えました。アスペリテイでない部分は、ゆっくりと滑る（あるいは地震を発生させずに滑っている）。最近は、この概念が、内陸直下型地震にも適用されはじめました。

・段波

大洋からの多くの津波は、海底地形の関係で前面の進み方に比べて後ろが遅いので、後ろの水が、前面に覆い被さるように追いつき、段をなして盛り上がります。その後ろの海面も高く続きます。この段が陸地に進んでくる現象を言います。

・セグメント

地表に現われる多くの活断層は、切れ切れの部分からなります。最近の活動時期を調べると、しばしば個別に異なる結果が得られるので、原発などの事業者は、それぞれを別の断層としたり、別々にしか活動しないと見做したりしたがります。深部ではこれらは一つの断層ですから、防災のためには、全体が同時に活動する場合を想定する必要があります。

## ◯第10章

・低頻度巨大自然災害

地震や津波、火山爆発などでも台風でも、特別に巨大なものが発生することがあります。頻度が低いので、これまであまり警戒されてきませんでしたが、当然、被害が大きいので、特別の対策が必要です。

・カオス

ここでは、予測できない混乱といった意味です。自然界でも、たとえば流体力学の法則によって支配されている現象には、何かちょっとしたことで、その後の動き方が予測できないものになるということが起こります。天気の長期予報が難しいのはそのためです。

・堤内地

昔から、日本では、人が住む方を堤内地、川の水が流れる方を堤外地と言います。

・複雑系

たとえば、遡上する津波の流れ方は流体力学の法則に従っているのですが、途中の偶然的なちょっとした条件の違いで千変万化します。自然や社会には、このような予測困難な性格をもつシステムが広く存在します。その研究（複雑系科学）が、20世紀の終わりごろから、発展しています。

**中村　八郎（なかむら　はちろう）**
1946年生まれ。NPO法人くらしの安全安心サポーター理事長、日本大学理工学部非常勤講師。東京都国分寺市役所都市計画課長補佐、株式会社防災都市計画研究所所長、NPO法人環境・災害対策研究所副理事長を歴任。
著書：『災害に強い都市づくり』（大屋鍾吾と共著）、『地震・原発災害——新たな防災政策への転換』（いずれも新日本出版社）、その他。

**浜辺　友三郎（はまべ　ともさぶろう）**
1948年生まれ。元国土交通省近畿地方整備局勤務。建設政策研究所関西支所主任研究員。国土問題研究会理事。主な研究テーマは公共事業に関わる公共政策。

**室崎　益輝（むろさき　よしてる）**
1944年生まれ。神戸大学都市安全センター教授、独立行政法人消防研究所理事長、などを経て、現在、兵庫県立大学特任教授。神戸大学名誉教授。日本火災学会会長、日本災害復興学会会長、中央防災会議専門委員。その他を歴任。
著書：『地域計画と防災』（勁草書房）、『建築防災・安全』（鹿島出版）、『地震列島日本の教訓』（ＮＨＫ）、その他。

**奥西　一夫（おくにし　かずお）**
1938年生まれ。京都大学名誉教授。国土問題研究会副理事長。宇城久防災を考える市民の会代表。
専門：災害地形学
著書：『崩壊・土石流と地形』鹿島出版会（分担執筆）、『Groundwater models for mountain slopes』Chapter 8 Slope Stability（Takashi Okimuraと共著）、『六甲山地の斜面崩壊災害のいくつかの特徴』古今書院（共著）、『田上山地の山麓階地形の発達』古今書院（分担執筆）。

《著者紹介》

**志岐　常正（しき　つねまさ）**
1929年生まれ。京都大学名誉教授。
専門：国土問題、堆積・海洋・防災・社会地質学。
著書：『北部フィリピン海の地質』東海大学出版会（編著、英文）、『ツナミアイト』エルゼビア社（共編著、英文）、『人間生存の危機』法律文化社（共編著）、『堆積学辞典』朝倉書店（共編著）その他。

**池田　碩（いけだ　ひろし）**
1939年生まれ。奈良大学名誉教授。専門：自然地理学、地形学・災害科学。
著書：『花崗岩地形の世界』古今書院、『1995・１・17・大震災と六甲山地（CD-ROM版）』建設省近畿地建、『自然災害地研究』海青社、ほか。

**田結庄　良昭（たいのしょう　よしあき）**
1943年生まれ。神戸大学名誉教授。専門：環境地質学、災害地質学、岩石学。
著書：『大震災100の教訓』（分担執筆）、クリエイツかもがわなど。

**紺谷　吉弘（こんたに　よしひろ）**
1947年生まれ。京都工芸繊維大学非常勤講師。立命館高校非常勤講師。国土問題研究会理事。
専門：堆積学、防災地質学。

**上野　鉄男（うえの　てつお）**
1944年生まれ。国土問題研究会理事長。
専門：河川工学。

**加納　雄二（かのう　ゆうじ）**
1956年生まれ。弁護士。これまで消費者被害、ダム水害訴訟、原発差し止め訴訟などを担当。

# 現代《げんだい》の災害《さいがい》と防災《ぼうさい》

## ——その実態《じったい》と変化《へんか》を見据《みす》えて——

---

2016年5月14日　初版　第1刷　発行

執筆・編集者　志岐常正《しきつねまさ》
執筆者　池田碩《いけだひろし》・田結庄良昭《たいのしょうよしあき》・紺谷吉弘《こんたによしひろ》・上野鉄男《うえのてつお》・加納雄二《かのうゆうじ》・中村八郎《なかむらはちろう》・
浜辺友三郎《はまべともさぶろう》・室崎益輝《むろさきよしてる》・奥西一夫《おくにしかずお》

発行者　比留川　洋
発行所　株式会社　本の泉社
〒113-0033　東京都文京区本郷2-25-6
電話 03-5800-8494　FAX 03-5800-5353
http://www.honnoizumi.co.jp/
DTP デザイン　田近裕之
印刷　新日本印刷株式会社
製本　株式会社　村上製本所

---


ISBN978-4-7807-1276-6　C0036